POR QUE NÃO PODEMOS ESPERAR

COPYRIGHT © FARO EDITORIAL, 2020
© 1964 WHY WE CAN'T WAIT BY MARTIN LUTHER KING, JR.

Todos os direitos reservados.

Nenhuma parte deste livro pode ser reproduzida sob quaisquer meios existentes sem autorização por escrito do editor.

Diretor editorial PEDRO ALMEIDA

Coordenação editorial CARLA SACRATO

Preparação DANIEL RODRIGUES AURÉLIO

Revisão BARBARA PARENTE

Capa e diagramação OSMANE GARCIA FILHO

Foto de capa GRANGER, NYC | ALAMY

Fotos de miolo DOMÍNIO PÚBLICO. PÁGINA 20: PORTRAIT OF KING - NOBEL FOUNDATION; PÁGINA 21: WIKIMEDIA COMMONS; PÁGINA 54: PHIL STANZIOLA | LIBRARY OF CONGRESS; PÁGINA 55: ROWLAND SCHERMAN | NATIONAL ARCHIVES AND RECORDS ADMINISTRATION; PÁGINA 68: WARREN K. LEFFLER | UNITED STATES LIBRARY OF CONGRESS; PÁGINA 69: MARION S. TRIKOSKO | AGENCE FRANCE-PRESSE; PÁGINA 106: WIKIMEDIA COMMONS | LIBRARY OF CONGRESS PRINTS AND PHOTOGRAPHS DIVISION | NEW YORK WORLD-TELEGRAM AND THE SUN NEWSPAPER PHOTOGRAPH COLLECTION; PÁGINA 107: U.S. NATIONAL ARCHIVES AND RECORDS ADMINISTRATION; PÁGINA 122: NATIONAL ARCHIVES | EBONY MAGAZINE; PÁGINA 123: LIBRARY OF AMERICAN CONGRESS

Dados Internacionais de Catalogação na Publicação (CIP)
Angélica Ilacqua CRB-8/7057

King, Martin Luther
    Por que não podemos esperar / Martin Luther King ; tradução de Sarah Pereira. -– São Paulo : Faro Editorial, 2020.
    176p.

    Título original: Why we can't wait
    ISBN 978-65-86041-26-2

    1. Ciências sociais 2. Racismo 3. Negros - Direitos civis - Estados Unidos 4. Relações raciais - Negros I. Título II. Pereira, Sarah

20-2146   CDD 323.1196

Índice para catálogo sistemático:
1. Negros - Direitos Civis - Estados Unidos

Edição brasileira: 2020
Direitos de edição em língua portuguesa, para o Brasil, adquiridos por FARO EDITORIAL

Avenida Andrômeda, 885 – Sala 310
Alphaville – Barueri – SP – Brasil
CEP: 06473-000
www.faroeditorial.com.br

POR QUE NÃO PODEMOS ESPERAR

MARTIN LUTHER KING

Tradução
SARAH PEREIRA

Faro Editorial

POR QUE NÃO PODEMOS ESPERAR

MARTIN LUTHER KING

Tradução
SARAH PEREIRA

PARA MINHAS CRIANÇAS

Yolanda, Martin III, Dexter, Bernice
para quem sonho que um dia, muito em breve,
não serão mais julgados pela cor de suas peles,
mas pelo conteúdo de seu caráter.

Reconheço com afeição e gratidão
a ajuda de Hermine I. Popper,
cujas percepção e inteligência a capacitaram
a fazer um trabalho editorial construtivo e importante.

Também sou grato a Alfred Duckett pelos seus esforços
e sugestões nos estágios iniciais do meu manuscrito.

the strong man is the man who can stand up for his rights and not hit back.

With Best Wishes

Martin L. King Jr.

SUMÁRIO

INTRODUÇÃO, por Dorothy Cotton   13

1964 – INTRODUÇÃO, por Martin Luther King Jr.   17

I   A Revolução Negra – Por que 1963?   23

II   A espada que cura   35

III   A Birmingham de Bull Connor   56

IV   Um novo dia em Birmingham   70

V   Cartas de uma cadeia em Birmingham   87

VI   Brancos e negros unidos   108

VII   O verão do nosso descontentamento   124

VIII   Os dias por vir   139

NOTAS EXPLICATIVAS   167

INTRODUÇÃO

DOROTHY F. COTTON[1]

Em 1963, Birmingham era chamada com frequência de cidade mais segregada dos Estados Unidos. Nossa luta pela liberdade ali revelou quão brutal e difuso era o padrão de segregação, quão difícil e desafiador seria essa parte da nossa jornada. Cada vez que exigíamos mais direitos aos cidadãos, encontrávamos mais ódio e violência vindos dos oficiais públicos segregacionistas. Todavia, apesar da oposição intensa, centenas de cidadãos de Birmingham uniram-se a nós na luta para conseguir mudanças. Marchar por liberdade e aguentar o encarceramento se tornou uma situação cotidiana. Mas, então, veio um tempo em que as cadeias ficaram cheias, mesmo quando a polícia começou a prender outros manifestantes nas feiras locais.

Foi em uma Sexta-feira Santa, e havia uma igreja cheia de pessoas esperando para marchar pela liberdade seguindo o Dr. Martin Luther King Jr. Seus objetivos incluíam a eliminação da rígida segregação de Birmingham. Eles queriam o direito ao voto. Eles queriam empregos e a capacidade de provar uma roupa em qualquer lugar que comprassem. Queriam que as escolas públicas abrissem suas portas para qualquer criança, independentemente da cor de suas peles. Os afro-americanos tinham que formar uma fila separada e esperar por atendimento até nas lojas de bebida. Mesmo assim, continuávamos a cantar "We would not let anything turn us around",[2] um de nossos mais populares cantos de liberdade.

POR QUE NÃO PODEMOS ESPERAR

Com esse pano de fundo, eu estava lá quando Martin enfrentou sua decisão mais comovente durante a luta em Birmingham. As cadeias estavam lotadas e os manifestantes esperavam por fiança, mas estávamos sem dinheiro. No quarto 30 do Hotel A. G. Gaston, foi feita uma reunião longa e intensa com líderes civis locais, o Dr. King e sua equipe da Conferência da Liderança Cristã do Sul (SCLC).[3] Todos tinham respondido ao chamado do reverendo Fred Shuttlesworth,[4] o líder local dos direitos civis que havia convidado o Dr. King para Birmingham. Com a igreja repleta de gente esperando-o para liderar outra marcha pacífica pelo centro da cidade, precisávamos de uma decisão. Tínhamos que convocar um boicote para conseguir a atenção dos empresários em nossa comunidade, para que entendessem os objetivos de nosso movimento, para perceberem a razão da nossa luta.

Neste livro, Martin relembra sua experiência de sincero desespero enquanto escutava calmamente os argumentos acalorados sobre se deveríamos nos concentrar em conseguir dinheiro, que seria usado nas fianças das centenas de pessoas que já estavam presas, ou se ele mesmo deveria ir para a cadeia, como já havia insistido em fazer tantas vezes — não somente em Birmingham, mas em protestos ocorridos em outras cidades.

Ainda choro quando leio sobre a agonia que ele sentiu enquanto escutava a todos no quarto 30. A maioria de nós insistia que ele ficasse fora da prisão naquele momento, devido à urgência por dinheiro para as fianças. Martin relembrou que havia "vinte e quatro pares de olhos" nele. Naquele momento, tinha que *encarar a si mesmo* como líder. Afinal de contas, ele havia encorajado pessoas por toda a comunidade para aceitarem o sofrimento, o encarceramento. Não seriam somente os olhos das pessoas de Birmingham sobre ele, mas os olhos e ouvidos de toda a nação. Ele estava "sozinho naquele quarto lotado".

Após suportar seu silêncio agonizante, ele comunicou claramente que havia tomado uma decisão. Sem dizer nada, ficou de pé e andou pelo quarto vizinho. Quando retornou à sala de estar onde estávamos reunidos, havia colocado as roupas para marchar. Podíamos perceber que não havia mais a necessidade de ponderar suas escolhas. Palavras não poderiam comunicar de forma mais poderosa que ele havia tomado a sua decisão. O debate havia terminado.

14

INTRODUÇÃO

Mais tarde, ele explicou que "não poderia encorajar centenas de pessoas para fazer um sacrifício colossal e então absolver a si mesmo". Ficamos de pé, fizemos um círculo, demos as mãos, como era nosso costume, e cantamos "We Shall Overcome", [5] o hino do nosso movimento. Alguns de nós cantamos com lágrimas nos olhos. Foi um momento emocionante.

A decisão de Martin de ir para a cadeia foi um ponto de virada crucial na luta pelos direitos civis. Apesar de ter sido colocado na solitária, seu espírito foi consolado quando seus advogados finalmente receberam autorização para visitá-lo. Clarence Jones[6] trouxe notícias encorajadoras: Harry Belafonte[7] conseguiu juntar cinquenta mil dólares para as fianças. Aqueles de nós que tinham participado da discussão no quarto 30 no Hotel Gaston perceberam que Martin havia tomado a decisão correta, tanto moral quanto tática.

Durante seu tempo na cadeia, Martin iria escrever sua explicação mais profunda sobre a nossa estratégia de não violência. Sua agora famosa obra intitulada "Cartas de uma prisão em Birmingham" [8] foi a resposta para um grupo de clérigos brancos que o criticaram severamente por ser um agitador externo. A defesa detalhada de Martin pode ser resumida em uma linha poética: "Injustiça em qualquer lugar é uma ameaça à justiça em todos os lugares".

Logo todo o país, na verdade todo o mundo, escreveria sobre nosso trabalho em Birmingham e nossa determinação em sermos livres. Neste livro, Dr. King explica, da maneira mais clara que já ouvi, como a não violência — "A espada que cura" — pode se tornar uma poderosa ferramenta de transformação e, desse modo, transformar sistemas criados para abusar das pessoas. Elucida como todos os afro-americanos envolvidos em nossa própria luta por libertação incorporaram a dignidade da convicção moral e do autossacrifício. E, o mais importante, ele descreve como o caminho da não violência cura tanto o oprimido quanto o opressor. Em vez de simplesmente expressar dor, raiva e vitimização, as pessoas oprimidas podem experimentar a cura necessária como resultado da Comunidade Amada.[9] Na verdade, essas ideias já apareciam em "A Birmingham de Bull Connor",[10] mas, com Martin King Jr., Fred Shuttlesworth e outras pessoas comprometidas a trabalharem juntas, surgiu "Um novo dia em Birmingham".

Outra "ferramenta" descrita neste livro por Dr. King é a importância dos cantos por liberdade. Ele mostra como e por que as músicas eram "a alma do movimento", explicando que, mais do que "encantamentos de frases inteligentes", eram também "adaptações das músicas que os escravos cantavam".

Aprendemos algumas lições importantes em nossa luta em Birmingham e precisamos aplicá-las agora. Como Martin disse: "Não podemos esperar". Não podemos esperar, porque as cadeias estão cheias de jovens negros, incluindo muitos pais que são incapazes de criar os filhos. Não podemos esperar, porque agora sabemos que falhar em fazer da educação uma prioridade é trair os talentos latentes. Não podemos esperar, porque nossos homens e mulheres jovens estão sendo programados para matar (e chamam isso de "servir o nosso país").

Nada disso é sugerir que a estrada pela frente será fácil. A luta de Birmingham foi difícil. Porém, lembro-me algo que um empresário branco local me disse muitos anos antes dos eventos contados neste livro. O Sr. Emil Hess tinha tido a coragem de reconhecer Birmingham como a catapulta da América para dentro do século XX.

Se nos atentarmos para o chamado de Martin Luther King nos dias de hoje, podemos começar uma luta que irá catapultar nossa nação em direção a um novo século de progresso, ainda mais empolgante, rumo ao ideal de paz com justiça social.

INTRODUÇÃO

MARTIN LUTHER KING Jr.

É o começo do ano do Nosso Senhor de 1963.

Eu vejo um menino negro. Ele está sentado em uma varanda em frente a um conjunto de apartamentos infestado de insetos no Harlem. O fedor de lixo está nos corredores. Os bêbados, os desempregados e os viciados são figuras sombrias do seu mundo cotidiano. O garoto vai para uma escola frequentada principalmente por estudantes negros com alguns porto-riquenhos dispersos. Seu pai é um dos desempregados. Sua mãe é uma doméstica que dorme na casa da família para a qual trabalha em Long Island.

Eu vejo uma menina negra. Ela está sentada na varanda de uma casa de madeira de uma família em Birmingham. Alguns visitantes chamariam de barraco. Ela precisa muito ser pintada e o telhado remendado parece estar prestes a desmoronar. Meia dúzia de crianças pequenas, em vários estágios de nudez, estão correndo pela casa. A criança é forçada a desempenhar o papel de sua mãe. Ela não pode mais frequentar a escola de negros em sua vizinhança, porque sua mãe morreu recentemente após um acidente de carro. Vizinhos dizem que, se a ambulância não tivesse chegado tão tarde para levá-la ao hospital só de negros, ela ainda poderia estar viva. O pai da menina é porteiro em uma loja de departamento no centro. Ele sempre será porteiro, porque não há promoções para negros nessa loja.

Esse garoto e essa garota, separados por milhares de quilômetros, estão se perguntando: por que a miséria sempre persegue o negro? Em algum passado distante, os seus antepassados causaram algum prejuízo trágico para a nação e a maldição da punição foi imposta sobre a raça negra? Eles tinham se esquivado de seus deveres patriotas, traíram seu país, negaram seus direitos naturais de nascença? Tinham se recusado a defender sua terra contra um inimigo estrangeiro?

Nem toda história é registrada nos livros fornecidos para as crianças nas escolas do Harlem ou de Birmingham. No entanto, esse menino e essa menina sabem algo, de parte da história, que foi censurado pelos escritores brancos e compradores de livros do conselho de educação. Sabem que os negros estavam com George Washington no Vale Forge,[11] que o primeiro americano a derramar sangue na revolução que libertou seu país da opressão britânica foi um marinheiro negro chamado Crispus Attucks. O professor de escola dominical do menino lhe disse que uma das equipes que desenhou a capital da nação, Washington, D.C., era um negro chamado Benjamin Banneker. Depois que a menina ouviu um orador, convidou-o para a escola durante a Semana da História do Negro. Esse orador contou como, durante duzentos anos sem salários, os negros trazidos para esta terra em navios negreiros e em correntes drenaram os pântanos, construíram as casas, plantaram algodão com as costas chicoteadas para levantar esta nação da obscuridade colonial para um lugar de comando e influência no comércio doméstico e mundial.

Qualquer lugar onde houvesse trabalho difícil, sujo e perigoso — nas minas, nas docas ou com fundições —, os negros haviam feito mais do que a parte deles.

Os pálidos livros de história no Harlem e em Birmingham disseram como a nação tinha lutado uma guerra contra a escravidão. Abraham Lincoln havia assinado o documento que ficaria conhecido como a Proclamação de Emancipação. A guerra tinha sido conquistada, mas não a paz justa. A igualdade nunca chegou. A igualdade estava cem anos atrasada.

O menino e a menina sabiam mais do que a história. Eles tinham ciência de algumas coisas sobre os eventos recentes. Compreendiam que as nações africanas tinham rompido com os laços do colonialismo.

INTRODUÇÃO

Sabiam que um trineto de Crispus Attucks poderia ser excluído de alguns restaurantes somente de brancos, em alguma seção toda branca de uma cidade do Sul, apesar de seu uniforme dos fuzileiros navais dos Estados Unidos. Sabiam que os negros vivendo na capital de seu próprio país estavam confinados a guetos e nem sempre conseguiam um emprego para o qual estavam qualificados. Eles sabiam que os supremacistas brancos tinham desafiado a Suprema Corte e que os governadores do Sul haviam tentado se interpor entre o povo e a mais alta lei da terra. Tinham a consciência de que, durante anos, seus próprios advogados haviam conquistado grandes vitórias nos tribunais, que não estavam sendo traduzidas para a realidade.

Eles viram na televisão, ouviram nos rádios e leram nos jornais que esse era o centésimo aniversário da sua liberdade.

Mas a liberdade tinha um anel endurecido, um vazio zombeteiro quando, em seu tempo — no curto período de vida desse menino e menina—, os ônibus pararam de rodar em Montgomery. Passageiros foram espancados e presos, os viajantes da liberdade[12] foram brutalizados e assediados, presas de cachorros estavam à mostra em Birmingham; e no Brooklyn, em Nova York, havia alguns tipos de trabalhos em construções que eram somente para os brancos.

Era o verão de 1963. A emancipação era um fato? A liberdade realmente existia?

O garoto do Harlem se levantou. A garota de Birmingham ergueu-se. Separados por milhares de quilômetros, ambos ajeitaram os ombros e miraram os olhos para o céu. Ao longo dos quilômetros, deram as mãos e tomaram um passo firme à frente. Foi um passo que abalou as fundações da nação mais rica e poderosa.

Essa é a história daquele garoto e daquela garota. Essa é a história do *Por que não podemos esperar*.

Atlanta, Geórgia
Janeiro de 1964.

Martin Luther King durante Marcha sobre Washington, em 1963.

Martin Luther King durante Marcha sobre Washington, en 1963.

A Revolução Negra
Por que 1963?

O congelante e amargo inverno de 1962 arrastou-se pelos primeiros meses de 1963, tocando a terra com frio e geada, e então foi substituído por uma primavera serena. Os americanos esperavam um verão tranquilo. Não tinham dúvidas de que seria agradável. O pior disso seria o pesadelo criado por sessenta milhões de carros, todos aparentemente tentando chegar ao mesmo destino, ao mesmo tempo na tradição americana de caça frenética pelo relaxamento.

Seria um verão agradável, porque, na mente de um homem comum, havia pouco para se preocupar. A perspectiva alegre sobre o estado da nação estava refletida no posto mais alto da Casa Branca. Confiante, a administração preparou a conta de redução dos impostos. Negócios e empregos estavam em níveis confortáveis. Dinheiro — para a maioria dos americanos — era abundante.

O verão veio e o clima estava ótimo. No entanto, o clima social do modo de vida americano irrompeu em relâmpagos, tremeu com o trovão e vibrou com a chuva implacável de protestos que surgiram pela região. Explosivamente, a terceira revolução americana — a Revolução Negra — havia começado.

Pela primeira vez na longa e turbulenta história da nação, quase mil cidades foram engolidas pela turbulência civil, com a violência tremendo logo abaixo da superfície. As ruas haviam se tornado um campo de batalha, assim como na Revolução Francesa de 1789 e no tumultuado Movimento Cartista liderado pelos operários da Inglaterra dos anos de 1830. Como nessas duas revoluções, um grupo social submerso, impulsionado por uma necessidade ardente de justiça, ergueu a si mesmo com súbita rapidez, movendo-se com determinação e com majestoso escárnio pelo perigo e pelo risco, criou uma revolta tão poderosa que sacudiu uma grande parte da sociedade da sua fundação confortável.

Nunca na história da América um grupo tinha se apoderado das ruas, das praças, das vias de negócios sacrossantos e das salas de mármore do governo para protestar e proclamar a intolerância da sua opressão. Se as máquinas gigantescas tivessem se tornado humanas, explodido as fábricas que as abrigavam e perseguido a terra em revolta, não teriam surpreendido mais a nação. Inegavelmente, havia uma compreensão sobre a condição do negro e suas profundas cicatrizes, mas o país passara a contar com ele como uma criatura que poderia aguentar silenciosamente e esperar pacientemente. Ele era bem treinado em serviço e, qualquer que fosse a provocação, não retrucava ou se vingava.

Assim como o raio não produz som até que atinja o solo, a Revolução Negra foi gerada silenciosamente. Mas, quando aconteceu, o flash revelador de seu poder, o impacto de sua sinceridade e do seu fervor exibiu uma força de intensidade assustadora. Com trezentos anos de humilhação, abuso e privação não se podia esperar que o negro encontrasse a voz em um sussurro. As nuvens de tempestade não liberavam "uma chuva suave do céu", mas um furacão que ainda não perdeu sua força ou atingiu sua energia total.

É importante entender a história que está sendo feita hoje, porque ainda há mais por vir, porque a sociedade americana está perplexa com o espetáculo do negro em revolta, porque as dimensões são vastas e as implicações profundas.

A REVOLUÇÃO NEGRA — POR QUE 1963?

II

Alguns anos atrás, sentei em uma loja de departamentos no Harlem cercado por centenas de pessoas. Estava autografando cópias do meu livro *Stride toward freedom*,[13] sobre o boicote aos ônibus de Montgomery em 1955-56. Conforme assinava meu nome na página, senti algo penetrar fortemente em meu peito. Eu havia sido atacado com um abridor de cartas por uma mulher que mais tarde seria julgada insana. Fui levado rapidamente para o Hospital de Harlem, fiquei deitado em uma cama por horas enquanto os preparativos eram feitos para remover a faca afiada do meu corpo. Dias depois, quando estava bem o suficiente para falar com o Dr. Aubrey Maynard, o chefe dos cirurgiões que realizou a delicada e perigosa operação, entendi a razão para o longo atraso que precedeu a cirurgia. Ele me disse que a ponta da navalha estava tocando a minha aorta e que meu peito teve que ser aberto para poder extraí-la.

— Se o senhor tivesse espirrado durante aquelas horas de espera — Dr. Maynard disse —, sua aorta teria sido perfurada e o senhor teria se afogado em seu próprio sangue.

No verão de 1963, a faca da violência estava muito próxima da aorta da nação. Centenas de cidades poderiam estar agora de luto pelos incontáveis mortos se não fosse pela operação de certas forças que deram aos cirurgiões políticos uma oportunidade para cortar com ousadia e remover com segurança esse perigo mortal.

O que nos deu uma segunda chance? Para responder a isso, temos que responder a outra questão. Por que essa Revolução ocorreu em 1963? Os negros têm suportado o mal por décadas. Nas palavras do poeta*, eles têm se perguntado há muito tempo: "Por que a escuridão da noite se acumula em nossa boca; por que devemos sempre sentir o luto em nosso sangue?". Qualquer momento parecia ser o tempo correto. Por que 1963?

Por que mil cidades estremeceram quase simultaneamente e por que todo o mundo — em capitais reluzentes e aldeias de cabanas de

---

* Referência livre ao poema "No hay olvido (Sonata)", de Pablo Neruda.

POR QUE NÃO PODEMOS ESPERAR

barro — prendeu a respiração durante esses meses? Por que foi neste ano em que o negro americano, ignorado e deixado de fora dos livros de história por tanto tempo, caminhou por uma declaração de liberdade em todas as páginas dos jornais, das revistas e nas telas das televisões? Sarah Turner fechou o armário da cozinha e foi às ruas; John Wilkins fechou o elevador e se alistou no exército de não violência; Bill Griggs pisou nos freios de seu caminhão e deslizou para a calçada; o reverendo Arthur Jones levou seu rebanho para as ruas e realizou o culto na cadeia. As palavras e as ações dos parlamentares e homens do governo, de reis e primeiros-ministros, estrelas de cinema e atletas foram movidas das primeiras páginas para dar espaço aos atos históricos dos serventes, motoristas, ascensoristas e pastores. Por que em 1963, e o que isso tem a ver com a razão pela qual a ameaça sombria de violência não ter explodido em sangue?

III

O negro tem estado profundamente desapontado pelo passo lento da dessegregação escolar. Ele sabia que a mais alta corte do país havia promulgado um decreto pedindo o fim da segregação nas escolas, "com toda a velocidade deliberada", em 1954. Sabia que esse decreto da Suprema Corte havia sido atendido com atraso deliberado. No início de 1963, nove anos após essa decisão histórica, aproximadamente 9% dos alunos do Sul frequentavam escolas integradas. Se esse ritmo fosse mantido, a integração das escolas do Sul seria uma realidade no ano de 2054.

Em seu texto, a decisão da Suprema Corte havia revelado uma consciência de que tentativas seriam feitas para evitar sua intenção. A frase "toda velocidade deliberada" não significava que outro século pudesse se desdobrar antes de libertarmos as crianças negras dos escaninhos das escolas segregadas; significava que dando alguma cortesia e consideração à necessidade de suavizar antigas atitudes e costumes

26

A REVOLUÇÃO NEGRA — POR QUE 1963?

desatualizados, a democracia deveria prosseguir para longe do passado de ignorância e intolerância até o presente das oportunidades educacionais e da liberdade moral.

No entanto, as estatísticas deixam bem claro que os segregacionistas do Sul permaneceram avessos à decisão. O anúncio da alta corte foi recebido com declarações de desafio por todas as seções dos estados do Sul. Uma vez recuperados de seu ultraje inicial, esses defensores do *status quo* haviam tomado a ofensiva para impor seu próprio cronograma de mudança. O progresso que deveria ter sido alcançado com a velocidade deliberada tinha criado mudança para menos de 2% das crianças negras na maioria das áreas do Sul e nem mesmo um décimo de 1% em algumas partes mais distantes do interior.

Houve outro fator, no ritmo lento do progresso, do qual poucos estão conscientes e menos ainda o compreendem. É um fato não divulgado de que, logo após a decisão de 1954*, a Suprema Corte retratou-se de sua própria posição quando aprovou a Lei de Atribuição dos Alunos.[14] Essa lei permitiu que os próprios estados determinassem onde os alunos poderiam ser realocados em virtude de antecedentes familiares, habilidades especiais e outros critérios subjetivos. A Lei de Atribuição dos Alunos foi quase tão abrangente na modificação e limitação da integração das escolas quanto a decisão original tinha sido na tentativa de eliminar a segregação. Sem tecnicamente se reverter, a Corte concedeu sanção legal ao tokenismo[15] e, assim, garantiu que a segregação, em substância, duraria por um período indefinido, embora fosse formalmente ilegal.

Para entender, portanto, a profunda desilusão do negro em 1963, é preciso examinar suas emoções contrastantes no momento da decisão do fim da segregação nas escolas e durante os nove anos que se seguiram. É preciso entender o balanço do pêndulo entre a relação que surgiu quando o decreto foi transmitido e o desespero que se seguiu ao fracasso em trazê-lo à vida.

Uma segunda razão para a explosão de 1963 foi fundada no desapontamento com ambos os partidos políticos. Em 1960, o Partido Democrata de Los Angeles tinha escrito um pronunciamento histórico e

---

* Aqui o autor se refere ao famoso caso da corte americana Brown v. Board of Education.

arrebatador sobre os direitos civis em sua plataforma de campanha. O porta-voz democrata repetiu eloquentemente e com frequência que o peso moral da presidência deveria ser aplicado nessa urgente questão. De sua convenção em Chicago, o Partido Republicano tinha sido generoso em suas promessas sobre os direitos civis, embora seu candidato não tivesse feito grande esforço em campanha para convencer a nação de que iria resgatar as promessas de seu partido.

Então os anos de 1961 e 1962 chegaram com os dois partidos gastando tempo na causa da justiça. No Congresso, republicanos reacionários ainda estavam fazendo negócios com os representantes do Sul. E o sentimento de que a administração estava simplificando demais e subestimando a questão dos direitos civis estava crescendo entre os negros. O presidente Kennedy tinha se afastado, se não recuado, de uma promessa fundamental de sua campanha: eliminar imediatamente a discriminação habitacional "com uma canetada". Dois anos após assumir o cargo, quando finalmente assinou a ordem das moradias, seus termos, embora louváveis, tinham revelado uma grave fraqueza em sua insuficiência para atacar o problema chave da discriminação no financiamento pelos bancos e outras instituições.

Enquanto os negros estavam sendo nomeados para alguns empregos significativos e a cordialidade social estava sendo estendida aos líderes negros na Casa Branca, os sonhos das massas permaneciam em farrapos. O negro sentiu e reconheceu que o velho osso, o qual lhe havia sido jogado no passado, agora estava sendo entregue a ele em um prato, com cortesia.

A administração havia definido sua abordagem primária sobre a discriminação no Sul em torno de uma série de processos destinados principalmente a proteger o direito ao voto. A oposição em relação à ação em outras frentes tinha começado a endurecer. Com cada novo protesto negro, éramos avisados, às vezes em particular e às vezes em público, para cancelarmos nossos esforços e canalizarmos todas as nossas energias para registrar eleitores. Em cada ocasião, concordávamos com a importância do direito ao voto, mas procurávamos explicar pacientemente que os negros não queriam negligenciar os outros direitos enquanto concentrávamos a atenção em um.

A REVOLUÇÃO NEGRA — POR QUE 1963?

Era necessário concluir que nosso argumento não estava persuadindo a administração mais do que a lógica do governo estava prevalecendo conosco. Os negros tinham manifestado sua fé acumulando uma maioria substancial de votos para o presidente Kennedy. Eles tinham esperado mais dele do que da administração anterior. O presidente Kennedy não havia traído suas promessas de maneira alguma. Mesmo assim, seu governo parecia acreditar que estava fazendo o politicamente possível e tinha, por seus atos positivos, ganhado crédito o suficiente ao se apoiar nos direitos civis. Politicamente, contudo, isso não foi uma conclusão surpreendente. Quantas pessoas entenderam, durante os dois primeiros anos do governo de Kennedy, que os negros "agora" estavam tornando-se militantes como os segregacionistas "nunca" foram? Eventualmente o presidente deixaria de lado as considerações políticas e elevaria o nível de seu próprio compromisso moral inabalável. Porém, isso ainda estava no futuro.

Nenhuma discussão sobre as influências que aborreciam o pensamento dos negros em 1963 seria completa sem alguma atenção à relação entre a Revolução e os eventos internacionais. Ao longo das agitações das políticas da Guerra Fria, os negros tinham visto mais de uma vez seu governo ir à beira de um conflito nuclear. A justificação para arriscar a aniquilação da raça humana sempre foi expressa nos termos de que os Estados Unidos tinham a boa vontade de fazer o necessário para preservar a liberdade. Para o negro, essa prontidão para medidas heroicas em defesa da liberdade desaparecia ou tornava-se tragicamente fraca quando a ameaça estava dentro de nossas fronteiras e se referia à liberdade dos negros. Enquanto o negro não é egoísta para levantar-se preocupado apenas com seu próprio dilema, ignorando o fluxo e refluxo dos eventos ao redor do mundo, há certa ironia amarga na imagem de seu país defendendo a liberdade em terras estrangeiras ao passo que falha em assegurar a liberdade para vinte milhões dos seus próprios habitantes.

Além das fronteiras de sua própria terra, o negro foi inspirado por outra força poderosa. Ele havia assistido à descolonização e a liberdade das nações da África e da Ásia desde a Segunda Guerra Mundial. Ele sabia que os asiáticos, os negros e os latinos tinham sentido por anos que o negro americano era muito passivo e relutante a tomar medidas extremas para ganhar sua liberdade. Ele pode ter se lembrado da visita de um chefe de Estado africano a este país, que foi convidado por uma delegação de proeminentes negros americanos. Quando começaram a lhe contar a grande lista de injustiças, o estadista visitante acenou com a mão cansada e disse:

— Estou ciente dos eventos atuais. Sei de tudo o que está tentando dizer sobre o que o homem branco tem feito com o negro. Agora, diga-me: o que o negro tem feito por si mesmo?

O negro americano viu um grande desfile de progresso político na terra da qual havia sido roubado na escravidão. Ele percebeu que há apenas trinta anos existiam somente três nações independentes em toda a África. Sabia que, até 1963, mais de 34 países africanos haviam se libertado da escravidão colonial. O negro viu estadistas iguais a ele votando em questões vitais nas Nações Unidas — e sabia que não era permitido que fizesse o importante caminho para uma cabine de votação em muitas cidades de seu próprio país. Viu reis negros e homens poderosos governando de seus palácios e sabia que ele mesmo havia sido condenado a se mudar de pequenos para maiores guetos. Testemunhando a luta pelo progresso do negro em outras partes do mundo e o nível de consumo que salta aos olhos e excede qualquer coisa em nossa história, era natural que os negros de 1963 se levantariam resolutos, exigiriam uma parcela do poder governante e condições de vida de acordo com os padrões americanos, em vez dos padrões de empobrecimento da colonização.

Um fato adicional e decisivo confrontou o negro e o ajudou a tirá-lo de casa para as ruas, para fora das trincheiras em direção às linhas de frente. Este foi o seu reconhecimento de que cem anos tinham se passado desde a emancipação, sem nenhum efeito profundo em sua situação.

Com o alvorecer de 1963, os planos estavam em andamento por todo o país para celebrar a Proclamação da Emancipação, o centésimo aniversário da libertação do negro da escravidão. Em Washington, uma comissão federal foi criada para marcar o evento. Os governadores dos estados e prefeitos das cidades utilizaram a data para nomear comissões para melhorar sua imagem política, emitindo declarações, planejando concursos estaduais, patrocinando jantares e endossando atividades

A REVOLUÇÃO NEGRA — POR QUE 1963?

sociais. Nesse ano, champanhe iria borbulhar em diversas mesas. Vestidos apropriadamente e comendo filés da melhor qualidade. Enquanto isso, multidões iriam escutar frases brilhantes declaradas para saudar o grande marco democrático representado por 1963.

Lamentavelmente, toda a conversa e publicidade que acompanhavam o centenário só serviram para lembrar ao negro que ele ainda não era livre, que ainda vivia em uma forma de escravidão disfarçada por certas sutilezas de complexidade. Como o então vice-presidente Lyndon B. Johnson expressou: "A emancipação era uma proclamação, mas não um fato". A caneta da Grande Emancipação tinha movido o negro para a luz solar da liberdade física, mas as condições reais o haviam deixado para trás na sombra da escravidão política, psicológica, social, econômica e intelectual. No Sul, o negro enfrentou a discriminação em suas formas mais óbvias e gritantes. No Norte, confrontou-a em disfarce oculto e sutil.

O negro também teve que reconhecer que vivia em uma ilha solitária de insegurança econômica em meio a um vasto oceano de prosperidade material cem anos após a emancipação. Os negros ainda estão na base da pirâmide econômica. Eles vivem dentro de dois círculos concêntricos de segregação. Um aprisiona-os com base na cor, enquanto o outro os confina em uma cultura separada de pobreza. O negro comum nasceu em desejo e privação. Sua luta para escapar de suas circunstâncias é prejudicada pela discriminação por cor. Ele é privado de uma educação normal e de oportunidades econômicas e sociais normais. Quando procura oportunidade, lhe é dito, na verdade, para se levantar com suas próprias botas, conselho que não leva em consideração o fato de que ele está descalço.

Até 1963, a maioria da população de trabalhadores da América tinha esquecido a Grande Depressão ou nunca tinha ouvido falar dela. O crescimento lento e constante do desemprego tinha alcançado alguns trabalhadores brancos, mas a proporção ainda não era maior do que um em vinte. Isso não era verdade para o negro. Em 1963, a proporção de negros desempregados era duas vezes e meia maior do que a de brancos, e sua renda média era a metade da que o homem branco recebia. Muitos brancos americanos nunca haviam conectado a intolerância com a exploração econômica. Eles deploravam o preconceito, mas toleravam ou ignoravam a injustiça econômica. Mas o negro sabe que esses dois males têm uma afinidade maligna. Sabe disso porque tem trabalhado em lojas que o empregam somente porque o pagamento é menor do que o padrão de vida. Ele sabe que as taxas salariais no Sul não são significativamente mais baixas do que as do Norte devido a um acidente geográfico. Ele sabe que os holofotes recentemente focaram no crescimento do número de mulheres que trabalham, o que não era uma raridade na vida do negro. A mulher negra comum sempre teve que trabalhar para ajudar a sustentar sua família com comida e roupas.

Para o negro, conforme 1963 se aproximava, a estrutura econômica da sociedade parecia estar tão em ordem que uma peneiração precisa dos empregos foi necessária. Os empregos com menores salários e os trabalhos mais provisórios foram reservados para ele. Se procurasse mudar de posição, era cercado pela alta barreira da discriminação. Quando o verão chegou, mais do que nunca as dimensões do desemprego estavam visíveis e tangíveis para o americano de cor. Igualdade significava dignidade e dignidade demandava um emprego que fosse seguro e um pagamento que durasse a semana.

O problema econômico do negro foi agravado pelo surgimento e crescimento da automação. Já que a discriminação e a falta de educação o confinaram a trabalhos de mão de obra não qualificada ou semiespecializada, o negro era e permanece como o primeiro a sofrer nesses tempos de grande desenvolvimento tecnológico. Ele sabia muito bem que não existia o tipo de programa de reciclagem vigoroso que pudesse realmente ajudá-lo a lidar com a magnitude do seu problema.

O símbolo do emprego para além da grande muralha era o trabalho em construções. Ao negro, cujo trabalho escravo ajudara a construir a nação, era dito, pelos empregadores e pelos sindicatos, que não havia lugar para ele naquela indústria. Bilhões eram gastos em prédios na cidade, no estado e na nação para os quais o negro pagava impostos, mas não poderia retirar qualquer pagamento. Ninguém que viu as pontes, as grandes mansões, as docas resistentes e as fábricas robustas do Sul, poderia questionar a capacidade do negro de construir se recebesse uma

A REVOLUÇÃO NEGRA — POR QUE 1963?

chance para treinamento e aprendizado. O que o impediu de ter um emprego decente foi discriminação simples, dura e crua.

Em 1963, o negro que havia percebido por muitos anos que não era verdadeiramente livre, despertou do estupor de inatividade com a frieza da percepção do que 1963 de fato significava, cem anos depois que Lincoln assinou seu nome pela causa da liberdade. O marco do centenário da emancipação deu uma razão ao negro para agir — uma razão tão simples e óbvia que ele quase teve que dar um passo para trás para vê-lo.

A simples lógica tornou dolorosamente claro que, se este centenário fosse ser significativo, não deveria ser percebido como uma celebração, mas sim como a comemoração de um momento único na história do país, quando um *começo* corajoso e audacioso havia sido feito e uma nova dedicação ao fato óbvio de que prioridades estavam em mãos: a retomada dessa nobre jornada em direção aos objetivos refletidos nos preâmbulos da Constituição, na própria Constituição, na Declaração dos Direitos[16] e nas Décima Terceira, Décima Quarta e Décima Quinta Emendas.[17]

No entanto, nem todas essas forças conjuntas poderiam ter provocado a Revolução maciça e sem derramamento de sangue de 1963 se não houvesse em mãos uma filosofia e um método digno de seus objetivos. A ação direta não violenta não se originou na América*, mas encontrou seu lar natural nesta terra, onde a recusa em cooperar com a injustiça era uma tradição antiga e honrosa, e onde o perdão cristão foi escrito nas mentes e corações dos bons homens. Testada em Montgomery durante o inverno de 1955-56 e fortalecida em todo o Sul nos oito anos seguintes, a resistência não violenta havia tornado, em 1963, a força vital na maior cruzada de ação em massa pela liberdade que já ocorreu na história americana.

---

* Martin Luther King se refere à cruzada Satyagraha (verdade e consistência, ou ser pacífico, mas nunca passivo, ação não violenta, mas com propósitos firmes) de Gandhi na Índia. Todavia, é preciso lembrar que um dos textos-chave para a tática da desobediência civil é de um norte-americano de nome francês, o escritor e ativista Henri David-Thoreau em seu ensaio "A desobediência civil", de 1849.

POR QUE NÃO PODEMOS ESPERAR

A não violência é uma arma poderosa e justa. É uma arma única na história, que corta sem ferir e enobrece o homem que a empunha. É uma espada que cura. É tanto uma resposta prática quanto moral ao grito de justiça do negro. A ação direta não violenta provou que poderia ganhar vitórias sem perder guerras, e assim tornou-se a tática triunfante da Revolução Negra de 1963.

II

A espada que cura

No verão de 1963, uma necessidade, um tempo, uma circunstância e a disposição de um povo se uniram. Para compreender a Revolução atual é necessário examinar com mais detalhes as condições psicológicas e sociais que a produziram e os eventos que trouxeram a filosofia e o método de ação direta não violenta para a linha de frente da luta.

Em primeiro lugar, é importante entender que a Revolução não é indicativa de uma súbita perda de paciência dentro do negro. Ele nunca havia sido realmente paciente, no sentido puro da palavra. A postura de espera silenciosa lhe foi imposta psicologicamente porque estava fisicamente algemado.

Nos dias da escravidão, essa supressão era aplicada aberta, científica e constantemente. A força física mantinha o negro cativo em todos os pontos. Ele foi impedido de aprender a ler e escrever — impedido por leis escritas de verdade nos estatutos. Foi proibido de se associar com outros negros que viviam na mesma plantação, exceto quando ocorriam casamentos ou funerais. A punição para qualquer forma de resistência ou reclamação sobre sua condição poderia variar de mutilação até morte. Famílias foram dilaceradas e amigos foram separados. Qualquer cooperação para melhorar suas condições foi cuidadosamente frustrada. Pais e mães foram vendidos para longe dos filhos, e os filhos foram negociados para longe dos pais. As moças eram, em muitos casos, vendidas para se

POR QUE NÃO PODEMOS ESPERAR

tornarem reprodutoras de novas gerações de escravos. Os proprietários de escravos da América tinham inventado seus sistemas com precisão quase científica para manter o negro emocional e fisicamente indefeso.

Com o fim da escravidão física após a Guerra Civil, foram encontrados novos dispositivos para "manter o negro em seu lugar". Seria necessário escrever muitos volumes para descrever esses métodos, estendendo-se desde nascimentos em hospitais Jim Crow[18] até enterros em seções dos cemitérios Jim Crow. Eles são muito conhecidos para requerer uma descrição aqui. No entanto, uma das revelações durante os últimos anos é o fato de que as camisas de força do preconceito e da discriminação racial não usam somente rótulos do Sul. A técnica sutil e psicológica do Norte havia se aproximado em feiura e vitimização do negro, em terror absoluto e em brutalidade aberta como no Sul. O resultado foi um comportamento que aos olhos do homem branco parecia paciência, mas que cobria uma poderosa impaciência no coração do negro.

Durante anos, no Sul, o branco segregacionista vinha dizendo que o negro estava "satisfeito". Ele tinha afirmado: "nos damos muito bem com nossos negros porque os entendemos. Somente temos problemas com os que vêm de fora para agitar aqui dentro". Muitos expressaram esse ponto de vista sabendo que era uma mentira de proporções majestosas. Outros acreditavam que estavam falando a verdade. Para corroborar, lhes diriam: "Ora, falei com a minha cozinheira que disse..." ou: "Discuti isso de forma franca com o garoto de cor que trabalha para nós e disse a ele para se expressar livremente. Ele disse...".

As pessoas brancas no Sul talvez nunca saibam completamente até que ponto os negros defenderam a si mesmo e protegeram seus empregos — e, em muitos casos, suas vidas — aperfeiçoando um ar de ignorância e concordância. No passado, nenhuma cozinheira ousaria dizer ao patrão o que ele deveria saber. Ela tinha que lhe dizer o que ele queria ouvir, porque sabia que a penalidade por falar a verdade poderia ser a perda do seu emprego.

Durante o boicote aos ônibus de Montgomery, uma família branca convocou sua cozinheira negra e lhe perguntou se apoiava as coisas terríveis que os negros estavam fazendo, boicotando ônibus e exigindo empregos.

A ESPADA QUE CURA

— Ah, não, senhora, não tenho nada a ver com essa coisa de boicote — a cozinheira respondeu. — Só vou me manter distante desses ônibus enquanto esse problema continuar.

Sem dúvidas, ela deixou os ouvintes satisfeitos. Porém, conforme caminhava de seu emprego para casa, com os pés cansados de um dia inteiro de trabalho, andava orgulhosamente sabendo que estava marchando com um movimento que criaria os ônibus de viagens não segregados para Montgomery.

Prender o negro já foi uma ameaça tão grande quanto a perda de um emprego. Para qualquer negro que exibisse uma centelha de masculinidade, um oficial do Sul poderia dizer: "Crioulo, tome cuidado ou vou colocá-lo na cadeia". O negro sabia o que significava ir para prisão. Significava não apenas confinamento e isolamento dos seus entes queridos. Significava esperar que provavelmente levasse uma surra severa na prisão. E isso significava que seu dia no tribunal, se houvesse um, seria uma zombaria da justiça.

Ainda hoje existem no Sul, e em algumas áreas do Norte, a licença que nossa sociedade concede a oficiais que implementam sua autoridade para praticar injustiças contra minorias em nome da "justiça". Nos dias da escravidão, a licença social e o costume colocaram o poder do chicote desenfreado nas mãos de superintendentes e senhores. Hoje — especialmente na metade Sul da nação — os exércitos de oficiais estão vestidos de uniforme, investidos de autoridade, armados com os instrumentos de violência e morte e condicionados a acreditar que podem intimidar, mutilar ou matar negros com a mesma imprudência que uma vez motivou o proprietário de escravos. Se alguém duvida dessa conclusão, deixem-no pesquisar os registros e descobrir o quão raramente os policiais dos estados do Sul foram punidos por abusar do negro.

Todavia, desde que a ação não violenta entrou em cena, o homem branco sobressaltou-se com o novo fenômeno. Ele tinha visto centenas e milhares de negros marchando em sua direção, sabendo que iriam para prisão, querendo ir para prisão, dispostos a aceitar o confinamento, a arriscar espancamentos e a justiça incerta nas cortes do Sul.

Não houve momento mais poderoso no episódio Birmingham do que durante os dias finais da campanha, quando jovens negros correram atrás de policiais brancos pedindo para serem presos. Havia um elemento de maldade não maliciosa nisso. Os jovens negros, embora perfeitamente dispostos a se submeterem a prisão, sabiam que já havíamos enchido as cadeias e que a polícia não tinha mais lugar para colocá-los.

Quando, durante décadas, você conseguiu fazer um homem comprometer sua masculinidade, ameaçando-o com uma punição cruel e injusta, e quando, de repente, ele se volta contra você e diz: "Castigue-me. Eu não mereço isso. Mas porque eu não mereço isso, vou aceitá-lo para que o mundo saiba que estou certo e que você está errado", você mal sabe o que fazer. Você se sente derrotado e secretamente envergonhado e sabe que esse homem é tão bom quanto você, que ele achou a coragem e a convicção de encontrar a força física com a força da alma de alguma fonte misteriosa.

Para o negro, ir para prisão já não era mais uma desgraça, mas um distintivo de honra. A Revolução do Negro não atacou apenas a causa externa de sua miséria, mas revelou-o para si mesmo. Ele tinha o senso de *dignidade*. Ele estava *impaciente* para ser livre.

Na última década, outra técnica havia começado a substituir os velhos métodos para frustrar os sonhos e aspirações dos negros. Esse é o método conhecido como "tokenismo"*. O dicionário interpreta a palavra "token" da seguinte maneira: "Um símbolo. Indicação, evidência, como um símbolo de amizade, um amuleto. Um pedaço de metal usado no lugar de uma moeda para pagamento de meios de transportes operados por aqueles que vendem os tokens. Um sinal, uma marca, emblema, memorial, presságio".

Quando a Suprema Corte modificou sua decisão sobre a dessegregação nas escolas através da aprovação da Lei de Atribuição dos Alunos, permitiu que o tokenismo corrompesse a sua intenção. Isso significava que os negros poderiam receber o brilho do metal simbolizando a verdadeira moeda que autorizava uma viagem a curto prazo para a democracia.

---

* O termo "tokenismo" se tornou um conceito muito relevante para os estudos sobre a questão racial, em termos filosóficos, sociológicos, psicológicos e políticos. Basicamente, é a ideia de uma medida simbólica, mas pouco efetiva, para "incluir" as chamadas minorias na sociedade civil e no estado democrático de direito, no caso, os negros segregados.

No entanto, quem te vende o símbolo em vez da moeda sempre retém o poder para revogar o seu valor, e para ordená-lo a sair do ônibus antes de ter chegado ao seu destino. Tokenismo é uma promessa *a ser* paga. Democracia, em seu melhor sentido, é o pagamento.

O negro queria sentir orgulho de sua raça? Com o tokenismo, a solução era simples. Se todos os vinte milhões de negros continuassem olhando para Ralph Bunche,[19] o único homem em posição elevada, geraria tal volume de orgulho que poderia ser cortado em porções e servido a todos. Um juiz aqui e ali, um executivo atrás de uma mesa polida em um escritório com carpete, um destacado administrador do governo em um posto de gabinete, um aluno de uma universidade no Mississípi alojado ali por um exército, três crianças negras admitidas por todo o sistema de ensino de uma grande cidade — tudo isso era usado como símbolos para obscurecer a persistente realidade da segregação e da discriminação.

Por uma década, as duras lutas culminaram em ganhos limitados que, de alguma forma, avançavam; mas se arrastavam para a frente devagar. Escolas, empregos, moradias, direitos ao voto e a posições políticas — em cada uma dessas áreas, a regra era a manipulação com o tokenismo. Os negros haviam começado a sentir que uma política estava se cristalizando, que todas as suas lutas apenas os levaram a um novo nível no qual poucos escolhidos seriam educados, honrados e integrados para representar e substituir os muitos que ficaram de fora disso.

Aqueles que argumentam a favor do tokenismo apontam que devemos começar em algum lugar, que é insensato rejeitar qualquer avanço mesmo que seja limitado. Essa posição tem certa validade, e o movimento de libertação dos negros, na maioria das vezes, alcançou amplas vitórias que tiveram pequenos começos. Contudo, há uma distinção crítica entre um início modesto e o tokenismo. O tokenismo que os negros condenam é reconhecido porque é um fim em si mesmo. Seu propósito não é começar um processo, mas sim encerrar o processo de pressões e protestos. É um gesto hipócrita, não um passo construtivo.

Expliquei um pouco do ressentimento do negro pelo tokenismo, pois acredito que analisar seus sentimentos a respeito disso ajudará a elucidar a posição inflexível que assume hoje. Acho que irá explicar por

POR QUE NÃO PODEMOS ESPERAR

que ele acredita que a cavalo dado se olha o dente, sim. Acho que justificará sua convicção de que não deve voltar atrás.

Enquanto escrevo, ao final da primeira longa temporada da Revolução, o negro não se esqueceu ou é indiferente ao progresso que já foi feito. Ele observa com aprovação a mudança radical na abordagem do governo aos direitos civis e aos ganhos pequenos, mas visíveis, que estão sendo feitos em várias frentes em todo o país. Se ele ainda está dizendo: "Não é o suficiente", é porque não acha que deveria ser *grato* pelas tentativas fracas e inadequadas de sua sociedade em alcançar seus direitos básicos que deveria ter herdado automaticamente, séculos atrás, em virtude de sua filiação na família humana e seu direito de nascença estadunidense.

Nessa convicção, ele concorda com as palavras do presidente Kennedy proferidas em 11 de junho de 1963, apenas alguns meses antes de sua morte trágica: "Somos confrontados principalmente por uma questão moral. É tão antiga quanto as Escrituras e é tão clara quanto a Constituição Americana. O cerne da questão é se todos os americanos devem ter oportunidades e direitos iguais... Aqueles que não fazem nada estão atraindo vergonha e violência. Aqueles que agem ousadamente estão reconhecendo tanto o certo quando a realidade".

II

Durante cem anos desde a emancipação, os negros procuraram pelo ardiloso caminho para a liberdade. Eles sabiam que tinham que criar um conjunto de táticas adequadas para suas condições únicas e especiais. As palavras da Constituição os declararam livres, mas a vida lhes dissera que eram um povo duas vezes sobrecarregado: eles viviam no estrato mais baixo da sociedade, e, dentro dele, também eram aprisionados por uma casta de cor.

Durante décadas, as longas e sinuosas trilhas levaram-nos a becos sem saída. Booker T. Washington,[20] nos dias sombrios que seguiram à

Reconstrução,[21] aconselhou-os: "Deixem seus baldes onde vocês estão". O que quis dizer, na verdade, foi para ficarem satisfeitos, fazendo direito o que o tempo permitisse que fizessem. No entanto, eles logo sentiram que esse caminho tinha pouquíssima liberdade em seu presente e prometia pouquíssimo em seu futuro.

Dr. W.E.B. Du Bois,[22] em seus primeiros anos na virada do século, implorou ao "décimo talentoso"[23] que se erguesse e colocasse a massa da raça para trás. Sua doutrina serviu de certa forma para neutralizar a aparente renúncia da filosofia de Booker T. Washington. Todavia, na própria natureza da perspectiva de Du Bois não havia papel para todas as pessoas. Era uma tática para a elite aristocrática que iria se beneficiar enquanto deixava para trás os 90% "não talentosos".

Após a Primeira Guerra Mundial, Marcus Garvey[24] fez um apelo à raça que tinha a virtude de rejeitar os conceitos de inferioridade. Ele clamou por um retorno à África e um ressurgimento do orgulho racial. Seu movimento atingiu dimensões de massas e liberou uma resposta emocional poderosa porque tocou uma verdade que há muito tempo havia adormecido na mente do negro: havia motivo para se orgulhar de suas heranças bem como de suas realizações conquistadas amargamente na América. Mesmo assim, seus planos foram condenados, porque um êxodo para a África no século XX por pessoas que tinham raízes há três séculos e meio no Novo Mundo não fazia parte da roda do progresso.

Com a morte do movimento de Garvey, o caminho se abriu para o desenvolvimento da doutrina que foi o centro das atenções por quase trinta anos. Essa foi a doutrina consistentemente defendida pela Associação Nacional para o Avanço das Pessoas de Cor (NAACP),[25] que colocou sua confiança na Constituição e na lei federal. Sob essa doutrina, considerava-se que os tribunais federais eram o veículo o qual poderia ser utilizado para combater a opressão, particularmente nos estados do Sul, que operavam sob o disfarce de legalistas para manter o negro reprimido.

Sob brilhante e dedicada liderança, a NAACP movia-se implacavelmente para ganhar muitas vitórias nos tribunais. A mais notável delas estabeleceu o direito do negro de participar nas eleições nacionais, derrubando dispositivos evasivos como a "cláusula do vovô",[26] as

POR QUE NÃO PODEMOS ESPERAR

primárias brancas[27] e outros. Além da dúvida, a doutrina da mudança através dos recursos legais atingiu uma maré cheia nas decisões da educação. Ainda assim, os fracassos da nação em efetivar as implicações dessas decisões causaram o declínio da fé do negro nos litígios como métodos dominantes para alcançarem sua liberdade. Em seu modo de ver, a doutrina da mudança legal havia se tornado a doutrina da mudança lenta e, como única arma de luta, agora havia provado sua inadequação. Na época dessa crescente percepção, em meados dos anos 1950, os negros estavam em crise. O movimento deles não tinha mais uma doutrina básica promissora, um curso traçado e detalhado apontando o caminho para a liberdade.

É um axioma de mudança social que nenhuma revolução possa ocorrer sem uma metodologia adequada às circunstâncias do período. Durante os anos cinquenta, muitas vozes ofereceram substitutos para a tática do recurso legal. Alguns pediram um banho de sangue colossal para limpar os males da nação. Para apoiar sua defesa da violência e seu incitamento, eles apontaram para uma tradição histórica que passou pela Guerra Civil Americana até Espártaco em Roma. Mas o negro do Sul em 1955, avaliando o poder das forças que o cercavam, não conseguia perceber a menor perspectiva de vitória nessa abordagem. Ele estava desarmado, desorganizado, destreinado, desunido e, o mais importante, psicológica e moralmente despreparado para o derramamento de sangue. Embora seu desespero o tivesse preparado com a coragem para morrer pela liberdade, se necessário, ele não estava disposto a se comprometer com o suicídio racial, sem perspectiva de vitória.

Talvez a força de suas crenças espirituais profundamente enraizadas foi ainda mais vital na resistência do negro à violência. Em Montgomery, depois que Rosa Parks, uma mulher corajosa, recusou-se a ir para o fundo do ônibus e assim começou a revolta que levou ao boicote de 1955 a 1956, a campanha de desenvolvimento do negro contra a injustiça racial da cidade teve bases nas igrejas da comunidade. Por todo o Sul, durante alguns anos antes de Montgomery, a igreja negra emergiu com impacto crescente na luta pelos direitos civis. Pastores negros, com uma consciência de que o verdadeiro testemunho de uma vida cristã é a projeção de um evangelho social, haviam aceitado a liderança na luta pela justiça racial, tinham desempenhado importantes papéis em diversos grupos da NAACP, e estavam fazendo sua influência ser sentida em todo o movimento pela liberdade.

A doutrina que pregavam era a doutrina de não violência. Não era uma que fazia seus seguidores clamarem por vingança, mas era a que os chamava para uma mudança campeã. Não era uma doutrina que pedia olho por olho, mas uma que convocava os homens a abrirem os olhos do preconceito cego. O negro virou as costas à força não só porque sabia que não poderia ganhar sua liberdade através da força física, mas porque também acreditava que através da força física ele poderia perder sua alma.

Havia ecos de Marcus Garvey em outra solução proferida pelo negro durante esse período de crise e mudança. Os muçulmanos negros,[28] convencidos de que uma sociedade inter-racial prometia apenas tragédia e frustração para os negros, começaram a estimular uma separação permanente das raças. Ao contrário da prescrição de Garvey, os muçulmanos pareciam acreditar que a separação poderia ser alcançada neste país, sem a necessidade de uma longa viagem marítima para a África, mas sua mensagem se assemelhava com a de Garvey em outro aspecto: ganhou apenas um apoio fracionário da comunidade negra. A maioria daqueles a quem os muçulmanos apelaram estavam, de fato, expressando recentemente a falta de militância que há muito prevalecia no movimento pela liberdade. Quando o espírito de luta dos negros se elevou em 1963, o apelo dos muçulmanos declinou precipitadamente. Hoje, enquanto viajo por todo o país, estou impressionado com o fato de que poucos negros americanos (exceto em um punhado de guetos das grandes cidades) ouviram falar do movimento muçulmano, muito menos jurado fidelidade à sua doutrina pessimista.

Ainda assim, outra tática foi oferecida ao negro: ele foi encorajado a procurar unidade com os milhões de brancos desfavorecidos do Sul, cuja necessidade básica de mudança social era semelhante à sua própria. Teoricamente, essa proposta continha uma medida de lógica, pois é inegável que as grandes massas de brancos do Sul existiam em condições pouco melhores do que aquelas que afligem o negro, mas a lógica dessa teoria murchava sob o calor do fato. A necessidade de mudança imediata era sentida mais urgentemente e realizada mais amargamente pelos negros do que pelos brancos explorados. Como indivíduos, os brancos poderiam melhorar sua situação sem a barreira que a sociedade coloca diante de um homem cuja identificação racial pela cor é inescapável. Além disso, os brancos desfavorecidos do Sul viam a cor que os separava dos negros mais claramente do que viam as circunstâncias que os uniam em interesse mútuo. Portanto, os negros eram forçados a encarar o fato de que, no Sul, deveriam se mover sem aliados; e, no entanto, o poder serpenteador da força do Estado fez com que tal perspectiva parecesse tanto fútil quanto utópica.

III

Felizmente, a história não apresenta problemas sem produzir soluções. Os desencantados, os desfavorecidos e os deserdados parecem, em tempos de crises profundas, convocar algum tipo de gênio que lhes capacita para perceber e capturar as armas apropriadas para esculpir seus destinos. Isso foi a arma pacífica da ação direta não violenta a qual se materializou quase da noite para o dia para inspirar o negro, e foi agarrada por suas mãos esticadas com um aperto poderoso.

O negro viu a ação não violenta como maneira de suplementar, e não de substituir, o processo de mudança por meio do recurso legal. Era o caminho para se desfazer da passividade sem se colocar em força vingativa. Atuando em conjunto com os companheiros negros para afirmar-se como cidadão, ele iria embarcar em um programa militante para exigir os direitos que eram dele: nas ruas, nos ônibus, nos parques e demais lugares públicos.

A tradição religiosa do negro tinha lhe mostrado que a resistência não violenta dos primeiros cristãos tinha constituído uma ofensiva moral com um poder tão dominante que abalou o Império Romano. A história americana havia lhe ensinado que a não violência, em forma de boicotes e protestos, havia confundido a monarquia britânica e lançara as bases para libertar as colônias da injusta dominação. Em seu próprio século, a ética não violenta de Mahatma Gandhi e seus seguidores havia amordaçado as armas do Império Britânico na Índia e libertado mais de 350 milhões de pessoas do colonialismo.

Como seus antecessores, o negro estava disposto a arriscar o martírio para mover e agitar a consciência social de sua comunidade e da nação. Em vez de submeter-se à crueldade furtiva em milhares de celas escuras e incontáveis esquinas cobertas de sombras, ele forçaria seu opressor a cometer sua brutalidade abertamente — à luz do dia — com o resto do mundo observando.

A aceitação da ação direta não violenta era a prova de certa sofisticação por parte das massas de negros, pois mostrou que ousaram romper com os conceitos antigos e arraigados de nossa sociedade. A filosofia do olho por olho, o impulso de se defender quando atacado, sempre foi considerada a mais alta medida de masculinidade americana. Somos uma nação que adora a terra em nossos limites e nossos heróis são aqueles que defendem a justiça através da retaliação violenta contra a injustiça. Não é simples adotar o credo de que a força moral tem tanto poder e virtude quanto a capacidade de devolver um golpe físico; ou que se abster de bater de volta requer mais vontade e coragem do que os reflexos automáticos de defesa.

No entanto, há algo no caráter americano que responde ao vigor da força moral. Lembro-me do popular e amplamente respeitado romance e filme *O Sol é para Todos**. Atticus Finch, um advogado branco do Sul, confronta um grupo de vizinhos que havia se tornado uma multidão louca por linchamentos — os vizinhos procuravam tirar a vida de seu cliente negro. Finch, armado com nada mais letal do que uma Constituição, dispersou o grupo com a força da sua coragem moral, auxiliado por sua filha pequena, que, inocentemente chamando os aspirantes a linchadores pelo nome, lembra-lhes que são homens individuais, não um bando de feras.

---

* Clássico de Harper Lee, publicado em 1960 e vencedor do Pulitzer. O filme baseado no romance — lançado em 1962 — também fez grande sucesso e venceu três estatuetas do Oscar, incluindo roteiro adaptado e ator (Gregory Peck).

Para o negro em 1963, como para Atticus Finch, tornara-se óbvio que a não violência poderia simbolizar o distintivo de ouro do heroísmo em vez da pena branca da covardia. Além de ser coerente com seus preceitos religiosos, serviu sua necessidade de agir por conta própria para sua própria libertação. Capacitou-o para transformar o ódio em energia construtiva, buscando não apenas libertar a si mesmo, mas libertar seu opressor de seus pecados. Por sua vez, essa transformação teve o efeito maravilhoso de mudar a face do inimigo. O inimigo que o negro enfrentou não se tornou o indivíduo que o havia oprimido, mas o sistema maligno o qual permitia que o indivíduo o fizesse.

O argumento de que a não violência é o refúgio do covarde perdeu sua força quando seus atos heroicos e frequentemente perigosos apresentaram a refutação convincente, mas sem palavras, em Montgomery, nos protestos, nas viagens pela liberdade e, finalmente, em Birmingham.

Há uma poderosa motivação quando um povo reprimido se alista em um exército que marcha sob a bandeira da não violência. Um exército não violento tem uma qualidade universal magnífica. Para se unir a um exército que treina seus adeptos em métodos de não violência, você deve ter certa idade. Mas em Birmingham, alguns dos soldados de infantaria mais valiosos ainda eram jovens, desde pupilos do ensino fundamental até adolescentes do ensino médio e estudantes universitários. Para ser aceito nos exércitos que mutilam e matam, é preciso ser fisicamente sadio, possuidor de membros retos e visão precisa. Em Birmingham, porém, os coxos e os paralíticos podiam se unir. Al Hibbler,[29] o cantor cego, nunca teria sido aceito no Exército dos Estados Unidos ou de qualquer outra nação, mas ocupava uma posição de comando em nossas fileiras.

Nos exércitos de violência há uma hierarquia de posições. Em Birmingham, a não ser no caso de alguns generais e tenentes que necessariamente dirigiam e coordenavam as operações, os regimentos dos manifestantes marcharam em linhas de batalhas democráticas. Médicos marcharam com limpadores de janelas. Advogados protestaram com lavadeiras. Pós-doutores e os que não tinham PhD eram tratados com perfeita igualdade pelos registradores do movimento de não violência.

A ESPADA QUE CURA

Como a profissão da radiodifusão confirmará, nenhum show é tão bem-sucedido quanto aquele que permite que o público participe. Para ser alguém, as pessoas devem se sentir como parte de alguma coisa. No exército não violento há espaço para todos que querem se juntar. Não há distinção de cor. Não há exames, nenhuma promessa, exceto que, assim como se espera que um soldado nos exércitos de violência inspecione sua espingarda e a mantenha limpa, soldados não violentos são chamados a examinar e polir suas maiores armas: seu coração, sua consciência, sua coragem e seu senso de justiça.

A resistência não violenta paralisou e confundiu as estruturas de poder contra as quais foi dirigida. A brutalidade com a qual os funcionários teriam reprimido o indivíduo negro tornou-se impotente quando não pôde ser perseguida com discrição e permanecer despercebida. Foi pega — como um fugitivo de uma penitenciária frequentemente é apanhado — em holofotes gigantescos. Foi aprisionada em um brilho luminoso, revelando a verdade nua ao mundo inteiro. É verdade que alguns manifestantes sofreram violência, e que alguns pagaram a penalidade extrema da morte. Eles foram os mártires do verão passado que sacrificaram suas vidas para pôr um fim à brutalização de milhares que haviam sido espancados, feridos e mortos em ruas escuras e nos quartos dos fundos dos escritórios dos xerifes, dia após dia, em centenas de verões passados.

O que mais impressiona na cruzada não violenta de 1963 é que tão poucos sentiam a dor aguda das balas e das surras com cassetetes. Olhando para trás, torna-se óbvio que os opressores foram contidos não somente porque o mundo estava olhando, mas também porque, diante deles, havia centenas, às vezes milhares de negros que se atreveram a encarar olho no olho um homem branco pela primeira vez. Seja através de uma decisão de exercer uma contenção sábia ou a operação de uma consciência culpada, muitos foram enviados para as delegacias e muitas mangueiras de incêndio foram impedidas de vomitar sua pressão. A Revolução ser comparativamente sem sangue é explicada pelo fato de que o negro não se limitou a falar sobre o servir com a não violência. As táticas, que o movimento utilizava, e que orientavam as ações dispersas nas cidades espalhadas pelo mapa, desencorajavam a violência porque

POR QUE NÃO PODEMOS ESPERAR

um lado não recorria a ela e o outro era frequentemente imobilizado pela confusão, incerteza e desunião.

A não violência teve uma importância psicológica tremenda para o negro. Ele teve que vencer e reivindicar sua dignidade para merecer e desfrutar sua autoestima. Teve que deixar os homens brancos saberem que a imagem dele como um palhaço — irresponsável, resignado e confiante em sua própria inferioridade — era um estereótipo sem validade. Esse método foi aprendido pelas massas de negros porque incorporava a dignidade da luta, da convicção moral e do autossacrifício. O negro foi capaz de enfrentar seu adversário, conceder-lhe uma vantagem física e derrotá-lo porque a força superior do opressor se tornara impotente.

Medir o que isso significa para o negro pode não ser fácil. Porém, estou convencido de que a coragem e a disciplina, com que milhares de negros aceitaram a não violência, curaram as feridas internas de milhões que não marcharam nas ruas ou sentaram nas cadeias do Sul por si mesmos. Não é necessário participar diretamente para estar envolvido. Para os negros de toda esta nação, basta se identificar com o movimento, ter orgulho daqueles que eram os líderes e dar apoio moral, financeiro ou espiritual para restaurar-lhes um pouco do orgulho e da honra que lhes haviam sido arrancados ao longo dos séculos.

IV

À luz da cruzada bem-sucedida do verão passado, pode-se perguntar por que o negro levou oito anos para aplicar as lições do boicote de Montgomery aos problemas de Birmingham e aos outros Birminghams de norte a sul da nação.

A metodologia e a filosofia da revolução não nascem nem são aceitas do dia para noite. Desde o momento que surge, se submete a rigorosos testes, oposição, desprezo e preconceito. Em qualquer sociedade, a

A ESPADA QUE CURA

velha guarda se ressente de novos métodos, pois usa as decorações e medalhas conquistadas ao travar batalhas na maneira aceitável. Muitas vezes, a oposição vem não apenas dos conservadores que se apegam à tradição, mas também dos militantes extremistas que não favorecem nem o velho nem o novo.

Muitos desses extremistas interpretaram mal o significado e a intenção da não violência, porque falharam em perceber que a militância também é o pai do caminho não violento. A exortação furiosa das esquinas e os chamados vivos para que o negro se arme e saia para batalha estimulam aplausos altos. Contudo, quando o aplauso morre, a movimentação e o agito voltam para suas casas, deitam em suas camas por mais uma noite sem nenhum progresso à vista. Eles não conseguem resolver o problema que enfrentam porque ninguém lhes oferece nenhum desafio, somente um chamado às armas, o qual eles mesmos não estão dispostos a atender, pois sabem que a desgraça seria a sua recompensa. Eles não podem resolver o problema, porque procuram superar uma situação negativa com meios negativos. Eles não podem resolver o problema, porque não o alcançam e movem-se em ação sustentada por grandes grupos de pessoas necessários para atrair atenção e transmitir a determinação da maioria. Os conservadores que dizem: "Não nos movamos tão rápido" e os extremistas que dizem: "Vamos sair e chicotear o mundo" diriam que eles estão tão distantes quanto os polos. Mas há um paralelo impressionante: eles não realizam nada porque não alcançam as pessoas que têm um clamor por serem livres.

Um fator que ajuda a explicar por que o negro não adotou a ética não violenta nacionalmente, logo após Montgomery, foi uma filosofia falaciosa e perigosamente desagregadora espalhada por aqueles que eram desonestos ou ignorantes. Essa filosofia sustentava que a ação direta não violenta era um *substituto* para todas as outras abordagens, atacando principalmente os métodos legais que, até meados dos anos 1950, haviam conseguido decisões judiciais e leis em vigor importantes e decisivas. A melhor maneira de derrotar um exército é dividi-lo. Os negros, assim como os brancos, fizeram confusão e distorceram a realidade, defendendo a abordagem jurídica e condenando a ação direta ou defendendo a ação direta e condenando a abordagem jurídica.

A ação direta não é um substituto para o trabalho nos tribunais e nos corredores do governo. Conseguir a aprovação de uma lei nova e ampla em um conselho da cidade, pela legislatura estadual ou pelo Congresso, ou defender os casos perante os tribunais da nação, não elimina a necessidade de promover uma grande dramatização das injustiças diante de uma prefeitura. De fato, a ação direta e a ação legal se complementam: quando empregadas habilmente, tornam-se muito mais eficazes.

A cronologia das manifestações pacíficas confirma essa observação. Nascidas espontaneamente, mas guiadas pela teoria da resistência não violenta, as manifestações pacíficas no almoço realizaram a integração em centenas de comunidades no ritmo de mudança mais rápido no movimento dos direitos civis até aquele momento. No entanto, muitas comunidades resistiram com sucesso à dessegregação nos balcões de almoço e prestavam queixas contra os manifestantes. Era correto e eficaz que os manifestantes enchessem as cadeias, mas era necessário que esses soldados pela liberdade não ficassem desamparados para definharem ou para pagarem penalidades excessivas por sua dedicação ali. De fato, pelo uso criativo da lei, foi possível provar que oficiais combatiam as manifestações usando o poder do Estado policial para negar proteção igual ao negro dentro da lei. Isso trouxe muitos dos casos diretamente sob a jurisdição da Décima Quarta Emenda. Como consequência da combinação de ações diretas e legais, precedentes abrangentes foram estabelecidos e que serviram, por sua vez, para estender as áreas de dessegregação.

Outra razão para o atraso na aplicação das lições de Montgomery foi o sentimento de que o sucesso dos boicotes aos ônibus foi um fenômeno isolado, e que os negros em outros lugares nunca estariam dispostos a se sacrificar em tais medidas extremas. Em 1962, em Albany, na Geórgia, quando meses de manifestações e prisões não conseguiram cumprir as metas do movimento, relatos na imprensa e em outros lugares declararam a resistência não violenta como uma questão morta.

Havia fraquezas em Albany e uma parte da responsabilidade pertence a cada um que participou. Todavia, nenhum de nós era tão presunçoso a ponto de se sentir mestre de uma nova teoria. Cada um de nós esperava que contratempos fossem uma parte do esforço contínuo.

A ESPADA QUE CURA

Não há teoria tática tão arrumada cuja luta revolucionária, por uma parcela do poder, possa ser obtida simplesmente pressionando uma fileira de botões. Os seres humanos, com todas as suas falhas e forças, constituem o mecanismo de um movimento social. Eles devem cometer erros e aprender com eles, cometer mais erros e aprender de novo. Devem sentir a derrota, bem como o sucesso, e descobrir como viver com cada um. O tempo e a ação são os professores.

Meses depois, quando planejamos nossa estratégia para Birmingham, passamos muitas horas avaliando Albany e tentando aprender com seus erros. Nossas avaliações não só ajudaram a fazer nossas táticas subsequentes mais eficazes, como também revelaram que Albany estava longe de uma falha absoluta. Embora os balcões de almoço continuassem segregados, milhares de negros eram acrescentados aos registros de votação. Nas eleições para governadores que aconteceram após nosso verão ali, um candidato moderado enfrentou um segregacionista radical. Por causa da expansão do voto do negro, o moderado derrotou o segregacionista na cidade de Albany, o que por sua vez contribuiu para sua vitória no estado. Por consequência, a Geórgia elegeu seu primeiro governador que se comprometeu a respeitar e fazer cumprir a lei de igualdade.

Nosso movimento havia sido enquadrado em Albany, mas não derrotado. As autoridades municipais foram obrigadas a fechar instalações como parques, bibliotecas e linhas de ônibus para evitar a integração. As autoridades estavam aleijando a si mesmas, negando infraestruturas à população branca para conseguir obstruir nosso progresso. Alguém observou que Samuel Johnson havia chamado os parques de "pulmões de uma cidade" e que Albany teria que respirar novamente, mesmo que o ar também fosse dessegregado.

Embora a resistência não violenta tenha sido profundamente derrotada em Albany, a rapidez com que soaram os alarmes deve, pois, despertar suspeitas. O enterro imediato dessa teoria não foi uma conclusão judiciosa, mas um ataque. De fato, Albany provara o quão extraordinária era a resposta do negro ao apelo de não violência. Aproximadamente 5% da população negra foi presa voluntariamente. Se essa porcentagem duplicasse na cidade de Nova York, cerca de cinquenta

51

mil negros lotariam suas prisões. Se um povo pode conseguir de suas fileiras 5% de pessoas que irão para a cadeia voluntariamente por uma causa justa, certamente nada pode frustrar seu triunfo final.

Se, contudo, os detratores da não violência caírem em erro ao ampliarem contratempos temporários em derrotas catastróficas, os adeptos da nova teoria devem evitar exagerar seus poderes. Quando falamos em lotar as cadeias, estamos falando de uma tática a ser aplicada com flexibilidade. Nenhuma pessoa responsável prometeria encher as cadeias de qualquer lugar a qualquer momento. Os líderes escorregam no estilo bombástico se não levarem em conta todas as circunstâncias antes de pedir a seu grupo que faça o sacrifício máximo. Encher as cadeias significa que milhares de pessoas devem deixar seus empregos, talvez perdê-los, adiar suas responsabilidades, passar por experiências psicológicas angustiantes para as quais as pessoas cumpridoras da lei não estão preparadas. O milagre da não violência está no grau em que as pessoas se sacrificam sob sua inspiração quando o chamado é baseado no julgamento.

Os negros são humanos, não super-humanos. Como todas as pessoas, eles têm personalidades diferentes, interesses financeiros diversos e aspirações variadas. Há negros que nunca irão lutar pela liberdade. Há negros que buscarão lucrar sozinhos com a luta. Há até alguns negros que irão cooperar com seus opressores. Esses fatos não devem afligir ninguém. Cada minoria e cada povo têm sua parcela de oportunistas, aproveitadores, exploradores e escapistas. O martelo que golpeia discriminação, pobreza e segregação deve deformar e corromper alguns. Ninguém pode fingir que, porque um povo é oprimido, cada indivíduo é virtuoso e digno. A questão real é se as características dominantes na grande massa são decência, honra e coragem.

Em 1963, mais uma vez a vida era a prova de que os negros tinham seus heróis, suas massas de pessoas decentes junto com suas almas perdidas. As dúvidas que milhões tinham quanto à eficácia do caminho não violento foram dissolvidas. E o negro viu que, provando o poder arrebatador e majestoso da não violência para unir a comunidade amada, poderia ser possível que ele desse o exemplo para um mundo inteiro envolvido em conflitos.

V

Em todo o país não havia lugar que se comparasse a Birmingham. A maior cidade industrial do Sul, Birmingham tornou-se um símbolo de derramamento de sangue quando, na década de 1930, os sindicatos tentaram se organizar. Era uma comunidade na qual os direitos humanos haviam sido pisoteados por tanto tempo que o medo e a opressão eram tão densos na atmosfera quanto a fumaça de suas fábricas. Seus interesses financeiros foram interligados com uma estrutura de poder que se espalhou por todo o Sul e se irradiou para o Norte.

O desafio à ação direta não violenta não poderia ter sido encenado em uma arena mais apropriada. No verão de 1963, um exército brandindo apenas a espada da cura da não violência humilhou os segregacionistas mais poderosos, mais experientes e mais implacáveis do país. Birmingham iria emergir com uma paz delicadamente equilibrada; mas sem esperar pela sua implementação, o negro pegou a arma que havia vencido aquela paz perigosa e varreu a terra com ela.

A vitória da teoria da ação não violenta foi um fato. A fé nesse método chegara à maturidade em Birmingham. Como resultado, todo o espectro da luta pelos direitos civis passaria por mudanças básicas. A não violência passou no teste de seu aço nos incêndios da turbulência. O poder unido da segregação do Sul era o martelo. Birmingham era a bigorna.

↑ Martin Luther King durante seu famoso discurso *I have a dream* — Eu tenho um sonho.

<- Martin Luther King agraciado com o "Prêmio Nobel da Paz" mostra sua medalha recebida em 1964.

III

A Birmingham de Bull Connor

Se você tivesse visitado Birmingham antes de 3 de abril no ano do centenário da emancipação do negro, poderia ter chegado a uma conclusão surpreendente. Poderia ter concluído que aqui havia uma cidade que ficou presa por décadas em uma soneca de Rip Van Winkle;[30] uma cidade cujos pais aparentemente nunca tinham ouvido falar de Abraham Lincoln, Thomas Jefferson, a Declaração dos Direitos, o Preâmbulo da Constituição da Décima Terceira, Décima Quarta e Décima Quinta Emendas, ou a decisão de 1954 da Suprema Corte dos Estados Unidos proibindo a segregação nas escolas públicas.

Se os seus poderes de imaginação fossem grandes o suficiente para lhe permitir colocar a si mesmo em posição de um bebê negro nascido e levado à maturidade física em Birmingham, você teria imaginado sua vida da seguinte maneira:

Você nasceria em um hospital para pais que provavelmente viviam em um gueto e frequentaria uma escola Jim Crow. Não é realmente verdade que os pais da cidade nunca tinham ouvido falar da ordem da Suprema Corte para a dessegregação escolar. Eles tinham ouvido falar disso e, desde a sua aprovação, expressaram consistentemente a sua oposição, resumido pelo anúncio oficial de que o sangue correria nas ruas antes que a dessegregação fosse permitida em Birmingham.

Você passaria sua infância brincando principalmente nas ruas porque os parques para "os de cor" eram terrivelmente inadequados. Quando uma ordem judicial federal proibisse a segregação no parque, descobriria que Birmingham fechou seus parques e desistiu de seu time de beisebol em vez de integrá-los.

Se fosse fazer compras com seus pais, você se arrastaria enquanto comprava em cada balcão, com exceção de um, nas lojas grandes ou pequenas. Se você estivesse com fome ou com sede, teria que ignorar até voltar para a parte negra da cidade, pois em sua cidade era uma violação da lei servir comida para os negros no mesmo balcão que os brancos.

Se a sua família frequentasse a igreja, você iria a uma Igreja Negra. Se quisesse visitar uma igreja frequentada por pessoas brancas, você não seria bem-vindo. Pois, embora seus concidadãos brancos insistissem que eram cristãos, eles praticavam a segregação tão rigidamente na casa de Deus quanto no teatro.

Se amasse música e ansiasse por ouvir a Ópera Metropolitana[31] em sua turnê pelo Sul, você não poderia desfrutar desse privilégio. E nem os seus companheiros brancos amantes da música, porque a Metropolitana tinha agenda descontínua em suas turnês nacionais em Birmingham depois de ter adotado uma política de não se apresentar antes de segregar as audiências.

Se quisesse contribuir e fazer parte do trabalho da Associação Nacional para o Avanço das Pessoas de Cor, não seria possível ingressar em uma agência local. No estado do Alabama, as autoridades segregacionistas foram bem-sucedidas em impedir a NAACP de realizar seu trabalho de direitos civis, declarando-a como uma "corporação estrangeira" e tornando suas atividades ilegais.

Se quisesse um emprego nesta cidade — um dos maiores centros de produção de ferro e aço do país —, seria melhor se conformar com o trabalho servil como porteiro ou operário assalariado. Se tivesse a sorte de conseguir um emprego, poderia esperar que as promoções para um *status* melhor e com maior remuneração viriam — não para você, mas para um funcionário branco, independentemente de seus talentos comparados. Em seu trabalho, você comeria em um lugar separado e usaria o bebedouro e lavatório rotulado como "De cor", em conformidade com as leis municipais.

Se acreditasse em seus livros de história e pensasse na América como um país cujos governantes, sejam das cidades, estados ou nação, eram escolhidos pelos governados, seria rapidamente desiludido quando tentasse exercer seu direito de registrar e votar. Você seria confrontado com todos os obstáculos concebíveis ao fazer a caminhada mais importante que um negro americano pode fazer hoje: a caminhada até as urnas. Dos 80 mil eleitores em Birmingham, antes de janeiro de 1963, apenas 10 mil eram negros. Sua raça, constituindo dois quintos da população da cidade, seria apenas um oitavo de sua força de votação.

Você estaria vivendo em uma cidade onde a brutalidade dirigida contra os negros era uma realidade inquestionável e incontestada. Um dos comissários da cidade, membro do órgão que governava os assuntos municipais seria Eugene "Bull" Connor, um racista que se orgulhava de saber como lidar com o negro mantendo-o em seu "lugar". Como comissário de Segurança Pública, Bull Connor, entrincheirado por muitos anos em uma posição chave na estrutura de poder de Birmingham, mostrava tanto desprezo pelos direitos do negro quanto desafiava a autoridade do governo federal.

Você teria encontrado em Birmingham uma atmosfera geral de violência e brutalidade. Os racistas locais intimidavam, atacavam e até matavam os negros com impunidade. Um dos exemplos do terror de Birmingham mais vívidos e recentes foi a castração de um homem negro, cujo corpo mutilado havia sido abandonado em uma estrada solitária. Nenhuma casa de negro estava protegida dos bombardeios e queimaduras. Do ano de 1957 até janeiro de 1963, enquanto Birmingham ainda alegava que seus negros estavam "satisfeitos", dezessete bombardeios não investigados haviam ocorrido em igrejas negras e casas de líderes dos direitos civis.

Os negros não foram as únicas pessoas que sofreram por causa do governo de Bull Connor. Foi o comissário de segurança de Birmingham que, em 1961, prendeu o gerente da rodoviária local quando este procurou obedecer a lei da nação servindo aos negros. Embora um juiz distrital federal tenha condenado Connor por essa ação em fortes termos e liberado a vítima, o fato persistiu em Birmingham: no início de 1963, nenhum lugar de acomodação pública foi integrado, exceto a rodoviária, a estação de trem e o aeroporto.

Na Birmingham de Bull Connor, você seria um habitante de uma cidade onde um senador dos Estados Unidos, que a estava visitando para fazer um discurso, havia sido preso porque atravessou a porta marcada como "De cor".

Na Birmingham de Connor, a senha silenciosa era o medo. Era um medo não só por parte do negro oprimido, mas também nos corações dos opressores brancos. A culpa era parte do medo deles. Havia também o pavor da mudança, aquele medo predominante que persegue aqueles cujas atitudes foram endurecidas pelo longo inverno da reação. Muitos estavam apreensivos com o ostracismo social. Birmingham certamente teve seus brancos moderados que desaprovavam as táticas de Bull Connor. Birmingham certamente tinha cidadãos brancos decentes que lamentavam reservadamente os maus-tratos aos negros. Mas eles permaneceram publicamente em silêncio. Era um silêncio nascido do medo — medo de represálias sociais, políticas e econômicas. A tragédia final de Birmingham não foi a brutalidade das pessoas más, mas o silêncio das pessoas do bem.

Em Birmingham, você estaria vivendo em uma comunidade onde a longa vida da tirania do homem branco havia intimidado o seu povo, levando-o a abandonar a esperança e desenvolvido nele uma falsa sensação de inferioridade. Estaria vivendo em uma cidade onde os representantes da economia e o poder político se recusavam a sequer discutir a justiça social com os líderes do povo.

Você estaria morando na maior cidade de um estado policial, presidida por um governador, George Wallace, cuja promessa de posse havia sido de "segregação agora, segregação amanhã, segregação para sempre!". Você estaria vivendo, na verdade, na cidade mais segregada da América.

II

Havia uma ameaça ao reinado da supremacia branca em Birmingham. Como consequência do boicote aos ônibus de Montgomery, movimentos de protestos emergiram em inúmeras cidades do Sul. Em Birmingham, um dos combatentes pela liberdade mais corajosos da nação, o reverendo Fred Shuttlesworth, havia organizado o Movimento Cristão para os Direitos Humanos do Alabama, ACHR,[32] na primavera de 1956. Shuttlesworth, um homem magro, energético e indomável, tinha decidido mudar Birmingham e acabar de vez com o regime racista e terrorista de Bull Connor.

Quando Shuttlesworth formou sua organização — que logo se tornou uma das oitenta e cinco afiliadas da Conferência de Lideranças Cristãs do Sul —, Bull Connor sem dúvidas considerou o grupo como apenas mais um bando de "crioulos" problemáticos. Todavia, logo ficou óbvio até para o Connor que Shuttlesworth estava falando muito sério. A ACHR cresceu mês a mês para se tornar o reconhecido movimento de massa do negro em Birmingham. Reuniões semanais foram realizadas em várias igrejas. Elas ficavam lotadas. A ACHR começou a trabalhar nos tribunais para obrigar a cidade a relaxar suas políticas de segregação. Um processo foi instituído para abrir as instalações de recreação pública de Birmingham para todos os seus cidadãos. As autoridades responderam fechando os parques em vez de permitir que as crianças negras compartilhassem as mesmas instalações mantidas pelos impostos dos negros e dos brancos.

No início de 1962, os alunos da Faculdade Miles iniciaram uma série de boicotes contra comerciantes brancos do centro da cidade. Shuttlesworth e seus colegas líderes da ACHR juntaram-se aos alunos e os ajudaram a mobilizar muitos dos negros de Birmingham em uma retirada determinada a lojas que mostravam os cartazes do Jim Crow, lugares onde se recusavam a contratar negros em funções melhores — e a promover os poucos empregados negros que tinham — e também não serviam almoço às pessoas de cor em seus balcões. Como resultado da campanha, os negócios caíram até 40% em algumas lojas do centro.

A BIRMINGHAM DE BULL CONNOR

Fred liderava uma cruzada militante, mas Birmingham e Bull Connor lutaram com unhas e dentes para manter as coisas como estavam.

Como organização parental da ACHR, a Conferência da Liderança Cristã do Sul, em Atlanta, manteve um olhar atento e admirador na difícil luta de Fred Shuttlesworth. Sabíamos que ele pagara o preço em sofrimento pessoal pela batalha que estava travando. Ele havia sido preso várias vezes. Sua casa e sua igreja haviam sido seriamente danificadas por bombas. Ainda assim, ele se recusou a recuar. O audacioso desafio público a Bull Connor por esse corajoso ministro tornou-se uma fonte de inspiração e encorajamento para os negros em todo o Sul.

Em maio de 1962, na reunião de diretoria de SCLC, em Chattanooga, decidimos considerar seriamente a adesão de Shuttlesworth e a ACHR a uma campanha maciça de ação direta para atacar a segregação em Birmingham. Aconteceu que havíamos programado aquela cidade como o local de nossa próxima convenção anual em setembro. Imediatamente após a reunião da diretoria, rumores começaram a circular em Birmingham de que a SCLC definitivamente havia decidido apoiar a luta de Fred, montando uma campanha prolongada naquela cidade na época da convenção. Esses rumores ganharam tanto impulso que histórias de que os apoiávamos apareceram diariamente na imprensa. Pela primeira vez, os empresários de Birmingham, que haviam seguido uma política de ignorar as demandas por integração, ficaram preocupados e concluíram que teriam que fazer algo drástico para evitar os protestos em larga escala.

Várias semanas antes de nossa convenção ser agendada, a comunidade empresarial começou a negociar com a ACHR. No encontro com o Comitê de Cidadãos Sêniores Brancos estavam Shuttlesworth; Dr. Lucius Pitts, presidente da Faculdade Miles; A.G. Gaston, rico empresário e proprietário do Motel Gaston; Arthur Shores, um advogado com ampla experiência em casos de direitos civis; o reverendo Edward Gardner, vice-presidente da ACHR; e o corretor de seguros John Drew. Depois de várias conversas, o grupo chegou a alguns acordos básicos. Como primeiro passo, alguns dos comerciantes concordaram em remover os cartazes de Jim Crow de suas lojas, e vários realmente o fizeram. Os empresários concordaram em participar de um processo com a

POR QUE NÃO PODEMOS ESPERAR

ACHR para buscar a anulação das leis municipais proibindo a integração nos balcões de almoço. Parecia que uma pequena fenda havia sido aberta em Birmingham.

Embora cautelosos com o cumprimento dessas promessas, o grupo negro decidiu dar aos comerciantes a chance de demonstrar sua boa-fé. Shuttlesworth convocou uma conferência de imprensa para anunciar que uma moratória havia sido declarada em boicotes e manifestações. Contudo, para proteger a posição da ACHR, ele deixou claro que o corpo de sua organização-mãe, SCLC, viria a Birmingham para sua convenção como planejado e informou à imprensa que, depois da convenção, a SCLC seria convidada a voltar à Cidade do Aço* para ajudar a lançar uma campanha de ação caso as promessas da comunidade empresarial fossem violadas.

Bull Connor havia emitido declarações ameaçadoras sobre a nossa reunião futura. Quando percebeu que suas ameaças não estavam assustando ninguém, ele começou a tentar intimidar a imprensa anunciando que os cartões de acesso de qualquer "repórter externo" seriam tirados deles. Ficou claro que Connor achava que os bastiões da segregação poderiam ser mantidos em Birmingham com a maior segurança se a exposição nacional pudesse ser evitada.

A convenção da SCLC ocorreu em setembro de 1962, conforme programado. Pouco tempo depois, os medos do Fred Shuttlesworth foram justificados: os cartazes Jim Crow reapareceram nas lojas. O boato era que Bull Connor havia ameaçado alguns dos comerciantes com a perda das licenças se não restaurassem os cartazes. Pareceu óbvio para Fred que os comerciantes nunca pretenderam cumprir suas promessas; sua ação simbólica tinha sido calculada apenas para impedir as manifestações enquanto a SCLC estava na cidade. Durante uma série de longas ligações telefônicas entre Birmingham e Atlanta, chegamos à conclusão de que não tínhamos alternativa a não ser seguir adiante com nossa campanha de ação combinada proposta.

---

* Birmingham é conhecida como a Cidade do Aço.

III

Juntamente com Fred Shuttlesworth, acreditávamos que, embora a campanha em Birmingham fosse certamente a luta mais dura de nossas carreiras em direito civil, ela poderia ser bem-sucedida e abalar a segregação em toda a nação. Essa cidade havia sido o principal símbolo da intolerância racial do país. Uma vitória poderia colocar em movimento as forças para mudar todo o caminho da liberdade e da justiça. Por estarmos convencidos da importância do trabalho a ser feito em Birmingham, decidimos que o planejamento mais completo e a preparação em oração deveriam entrar em ação. Começamos a preparar um arquivo ultrassecreto que chamamos de "Projeto C" — o "C" para o "Confronto de Birmingham" com a luta por justiça e moralidade nas relações raciais.

Em preparação para a nossa campanha, convoquei um retiro de três dias e uma sessão de planejamento com os funcionários e membros do conselho da SCLC em nosso centro de treinamento perto de Savannah, na Geórgia. Lá nós procuramos aperfeiçoar um cronograma e discutir todas as eventualidades possíveis. Ao analisar nossa campanha em Albany, na Geórgia, decidimos que um dos principais erros que havíamos cometido foi o de dispersar nossos esforços muito amplamente. Estivemos tão envolvidos em atacar a segregação em geral que não conseguimos direcionar nosso protesto com eficácia para qualquer faceta. Concluímos que, em comunidades mais extremas, uma batalha mais efetiva poderia ser travada se estivesse concentrada contra um aspecto do sistema maligno e intrincado da segregação. Decidimos, portanto, centralizar a luta de Birmingham na comunidade empresarial, pois sabíamos que a população negra tinha poder de compra suficiente para que sua retirada pudesse fazer a diferença entre o lucro e o prejuízo para muitas empresas. Lojas com balcões de almoço eram nosso primeiro alvo. Há uma humilhação especial para o negro ter seu dinheiro aceito em todos os departamentos de uma loja, exceto no balcão do almoço. A comida não é apenas uma necessidade, mas um símbolo, e nossa campanha de almoços nos balcões tinha não só uma importância prática, mas também simbólica.

Duas semanas depois do retiro em nosso centro de treinamento, fui a Birmingham com meu habilidoso assistente executivo, o reverendo Wyatt Tee Walker[33] e meu amigo e companheiro permanente de campanha desde os tempos de Montgomery, o reverendo Ralph Albernathy,[34] tesoureiro da SCLC. Lá, começamos a nos reunir com a diretoria da ACHR para ajudar na preparação da comunidade negra para o que certamente seria uma campanha difícil, prolongada e perigosa.

Nós nos encontramos no agora famoso quarto 30 do Motel Gaston, situado na 5ª Avenida Norte, no gueto negro. Esse quarto, que abrigou Ralph e eu, e serviu de base para todas as sessões de estratégias nos meses subsequentes, seria mais tarde alvo de uma das bombas na noite fatídica e violenta do sábado de 11 de maio, véspera do Dia das Mães.

A primeira grande decisão que enfrentamos foi marcar a data para o lançamento do "Projeto C". Como nosso objetivo era pressionar os comerciantes, sentimos que nossa campanha deveria ser montada no período da Páscoa: o segundo maior período de compras do ano. Se começássemos na primeira semana de março, teríamos seis semanas para mobilizar a comunidade antes da Páscoa, que caiu no dia 14 de abril. Mas, nesse momento, fomos lembrados de que uma eleição para prefeito seria realizada em Birmingham no dia 5 de março.

Os principais candidatos foram Albert Boutwell, Eugene "Bull" Connor e Tom King. Todos eram segregacionistas, concorrendo em uma plataforma para preservar o *status quo*. No entanto, tanto King quanto Boutwell eram considerados moderados se comparados com Connor. Estávamos esperançosos que Connor fosse completamente derrotado e que pelo menos não teríamos mais que lidar com ele. Como não queríamos que nossa companha fosse usada como jogo político, decidimos adiá-la, planejando começar as manifestações duas semanas após as eleições.

Enquanto isso, Wyatt Walker foi preparado para retornar a Birmingham e começar a trabalhar na mecânica da campanha. A partir de então, ele visitou Birmingham periodicamente, sem aviso prévio, organizando meios de transporte e estabelecendo bases para um boicote intensivo. Ele conferiu com os advogados sobre o que o código da cidade dizia sobre greves, manifestações e assim por diante, reuniu dados sobre a provável situação das fianças e se preparou para a liminar que certamente viria.

Além de agendar workshops sobre não violência e técnicas de ação direta para nossos recrutas, Wyatt se familiarizou com o centro de Birmingham, não só traçando as principais ruas e pontos de referência (lojas-alvo, prefeitura, correios etc.), mas também examinando meticulosamente as instalações de alimentação de cada loja e esboçando as entradas e possíveis caminhos de entrada e saída. Na verdade, Walker detalhou o número de bancos, mesas e cadeiras para determinar quantos manifestantes deveriam ir a cada loja. Sua pesquisa do centro da cidade também incluiu sugestões de alvos secundários no caso de sermos impedidos de alcançar nossos alvos primários. Em 1º de março, o projeto estava em alta velocidade e as pontas soltas da estrutura organizacional estavam sendo amarradas. Cerca de 250 pessoas se ofereceram para participar das manifestações iniciais e se comprometeram a permanecer na prisão por pelo menos cinco dias.

Nesse momento, os resultados das eleições de 5 de março interferiram para causar um novo problema sério. Nenhum candidato havia conquistado uma vitória clara. Teria que acontecer um segundo turno, a ser realizado na primeira semana de abril. Esperávamos que, se ocorresse um segundo turno, fosse entre Boutwell e King, mas como vimos, os candidatos concorrentes seriam Boutwell e Connor.

Mais uma vez tivemos que refazer nossa estratégia. Se tivéssemos nos movimentado enquanto Connor e Boutwell estavam em campanha eleitoral, Connor, sem dúvidas, capitalizaria nossa presença, usando-a como uma questão carregada de emoção para a sua própria vantagem política, travando uma campanha vigorosa para persuadir a comunidade branca de que ele, e somente ele, poderia defender as políticas oficiais de segregação da cidade. Nós poderíamos ter o efeito de ajudar Connor a vencer. Relutantemente, decidimos adiar as manifestações até o dia seguinte ao segundo turno. Teríamos que nos mover rapidamente se ainda quiséssemos ter tempo para afetar as compras da Páscoa.

Saímos de Birmingham com tristeza, percebendo que, após esse segundo atraso, a base intensiva de trabalho que fizemos na comunidade negra talvez não trouxesse os resultados efetivos que buscávamos.

Estávamos deixando cerca de 250 voluntários que estavam dispostos a se juntar às nossas fileiras e ir para a cadeia. Agora devemos perder o contato com esses recrutas por várias semanas. Ainda assim não nos atrevíamos a permanecer. Foi acordado que nenhum membro da SCLC iria retornar para Birmingham até depois do segundo turno.

Nesse ínterim, eu estava ocupado com outras medidas preparatórias. Percebendo as dificuldades que estavam por vir, sentimos que era vital conseguir o apoio de pessoas-chave em toda a nação. Enviamos cartas confidenciais à Associação Nacional para o Avanço das Pessoas de Cor, ao Congresso de Igualdade Racial,[35] ao Comitê de Coordenação Estudantil Não Violenta[36] e ao Conselho Regional do Sul,[37] informando-lhes sobre nossos planos e alertando-os de que poderíamos chamá-los para ajudar. Nós nos correspondemos na mesma linha com os 75 líderes de todas as religiões que se juntaram a nós nas manifestações em Albany.

Na cidade de Nova York, Harry Belafonte, um velho amigo e apoiador da SCLC, concordou em convocar uma reunião em seu apartamento. Aproximadamente 75 nova-iorquinos estavam presentes. Era uma mistura de cidadãos, incluindo jornalistas (que mantiveram suas promessas de não publicar histórias sobre a reunião até que a ação ocorresse), clérigos, empresários, profissionais, e representantes não oficiais dos escritórios do prefeito Wagner e do governador Rockefeller.

Fred Shuttlesworth e eu falamos dos problemas então existentes e daqueles que esperávamos em Birmingham. Explicamos por que demoramos a agir até depois do segundo turno e por que achamos necessário prosseguir com nossos planos, independentemente de quem ganhasse as eleições. Shuttlesworth, vestindo as cicatrizes das batalhas anteriores, trouxe uma sensação de perigo, bem como a seriedade da nossa cruzada naquela sala de estar pacífica em Nova York. Embora muitos dos presentes tenham trabalhado com a SCLC no passado, houve um silêncio com o choque de uma nova descoberta quando Shuttlesworth disse: "Você tem que estar preparado para morrer antes de começar a viver".

Quando terminamos, a pergunta mais frequente era: "O que podemos fazer para ajudar?".

Respondemos que certamente precisaríamos de enormes somas de dinheiro para fiança. Poderíamos precisar de reuniões públicas para organizar mais apoio. Na hora, Harry Belafonte organizou uma comissão e o dinheiro foi garantido na mesma noite. Nas três semanas seguintes, Belafonte, que nunca fazia nada sem estar totalmente envolvido, deu horas ilimitadas para organizar as pessoas e o dinheiro. Ao longo da campanha subsequente, ele conversou comigo ou com meus auxiliares duas ou três vezes por dia. Seria difícil superestimar o papel que esse artista sensível desempenhou no sucesso da cruzada de Birmingham.

Encontros semelhantes foram realizados com dois de nossos afiliados mais fortes, a Conferência da Liderança Cristã Ocidental, em Los Angeles, e a Conferência da Liderança Cristã da Virgínia, em Richmond. Ambas prometeram e deram seu apoio inabalável à campanha. Mais tarde, com a NAACP e outras organizações locais, a Conferência Ocidental levantou a maior quantidade de dinheiro que já foi levantada em uma única manifestação para a SCLC — cerca de 75 mil dólares. Muitos dos homens dessas conferências se juntariam mais tarde às nossas fileiras durante a crise.

Com esses contatos estabelecidos, havia chegado a hora de retornar a Birmingham. O segundo turno da eleição foi no dia 2 de abril. Voamos na mesma noite. Através do boca a boca, tentamos fazer contato com os nossos 250 voluntários para uma reunião não divulgada. Vieram cerca de 75. No dia seguinte, com essa modesta força-tarefa, lançamos a campanha de ação direta em Birmingham.

↑ Martin Luther King e o
  ativista Malcolm X.

<- Vista do Lincoln Memorial em
   direção ao monumento de Washington
   durante a marcha de 1963.

IV

Um novo dia em Birmingham

Na quarta-feira, 3 de abril de 1963, o jornal de Birmingham apareceu nas bancas. Sua primeira página brilhando trazia um desenho colorido mostrando um sol dourado erguendo-se sobre a cidade. A legenda dizia: "Um novo dia amanheceu em Birmingham", comemorando a vitória de Albert Boutwell nas eleições para prefeito. O brilho dourado da harmonia racial, a manchete sugeria, poderia agora ser esperado para descer sobre a cidade. Como os eventos iriam mostrar, era de fato um novo dia para Birmingham; mas não porque Boutwell havia vencido a eleição.

Apesar de todo o otimismo expresso na imprensa e em outros lugares, estávamos convencidos de que Albert Boutwell era, na frase apropriada de Fred Shuttlesworth, "apenas um Bull Connor digno". Sabíamos que o ex-senador do estado e vice-governador havia sido o principal autor da Lei de Atribuição de Alunos do Alabama e era um defensor consistente das visões segregacionistas. Alguns dias após a eleição, sua declaração de que "nós, cidadãos de Birmingham, nos respeitamos e nos entendemos" mostrou que ele não entendia nada sobre os dois quintos dos cidadãos de Birmingham para quem, mesmo a segregação polida, não era respeito.

Enquanto isso, apesar dos resultados do segundo turno, os comissários da cidade, incluindo Bull Connor, assumiram a postura de que não poderiam ser destituídos legalmente do cargo até 1965. Eles foram aos tribunais para defender sua posição e recusaram-se a sair dos seus escritórios da Prefeitura. Se vencessem no tribunal (e o conflito nas leis de Birmingham tornaram isso teoricamente possível), eles permaneceriam no cargo por mais dois anos. Se perdessem, seus mandatos ainda não expirariam até o dia 15 de abril, o dia depois da Páscoa. Em ambos os casos, estávamos comprometidos a entrar na situação em uma cidade que literalmente estava operando sob dois governos.

Decidimos limitar os esforços para as manifestações nos primeiros dias. Estando preparados para uma longa luta, sentimos que seria melhor começar modestamente, com um número limitado de prisões em cada dia. Ao racionar nossas energias dessa maneira, ajudaríamos no desenvolvimento e no drama de uma campanha crescente. As primeiras manifestações não foram espetaculares, mas foram bem organizadas. Operando em um cronograma preciso, pequenos grupos mantiveram uma série de manifestações nos balcões de almoço das lojas de departamento e das drogarias do centro da cidade. Quando pediam que os manifestantes saíssem, e estes se recusavam, eles eram presos sob o decreto local de "transgressão após advertência". Na noite de sexta-feira, não houve distúrbios dignos de nota. Evidentemente, nem Bull Connor nem os comerciantes esperavam que esse começo tranquilo se transformasse em uma operação de grande escala.

Após o primeiro dia, realizamos uma reunião em massa, a primeira das 65 reuniões noturnas realizadas em várias igrejas da comunidade negra. Por meio dessas reuniões, conseguimos gerar o poder e a intensidade que finalmente eletrizaram toda a comunidade negra. As reuniões de massa tinham um padrão definido, moldado por um dos melhores ativistas do movimento pelos direitos civis. Ralph Abernathy, com sua combinação única de humor e dedicação, tinha a habilidade de elevar o público às alturas do entusiasmo e mantê-lo ali. Quando ele se colocava atrás do púlpito, atarracado e poderoso, com seu rosto redondo caindo facilmente em gargalhadas, seus ouvintes o amavam e acreditavam nele.

Wyatt Walker, jovem, magro e de óculos, trouxe para nossas reuniões, cujos membros já conheciam e admiravam seu dedicado trabalho como organizador de bastidores da campanha, seu espírito enérgico e incansável. Havia uma adoração especial saída das palavras ardentes e do zelo determinado de Fred Shuttlesworth, que tinha provado ao seu povo que não pediria a ninguém para ir onde não estava disposto a liderar. Embora estivesse ocupado com assuntos que impediram minha participação ativa nas manifestações na primeira semana, eu falava nas reuniões de massa sobre a filosofia da não violência e os seus métodos todas as noites. Além desses "regulares", palestrantes locais apareciam de tempos em tempos para descrever as injustiças e humilhações de serem negros em Birmingham, e visitantes ocasionais de outros lugares do país nos traziam mensagens de apoio bem-vindas.

Uma parte importante das reuniões de massa foram as canções de liberdade. De certo modo, elas são a alma do movimento. São mais do que simples encantamentos de frases inteligentes projetadas para revigorar a campanha: elas eram tão antigas quanto a história do negro na América. São adaptações das canções que os escravos cantavam — canções de tristeza, de gritos de alegria, os hinos de batalha e os hinos do nosso movimento. Eu tinha ouvido as pessoas falarem sobre a batida e o ritmo, mas no movimento somos tão inspirados por suas palavras. "Woke up this morning with my mind stayed on freedom"[38] é uma frase que não precisa de música para mostrar seu argumento. Cantamos as canções de liberdade hoje, pela mesma razão que os escravos as cantaram: porque também estamos no cativeiro e as canções adicionam esperança à nossa determinação de que "venceremos, preto e branco unidos, nós venceremos algum dia".

Estive em uma das reuniões com centenas de jovens e participei enquanto eles cantavam "Ain't Gonna Let Nobody Turn Me 'Round". Não é apenas uma canção, é uma determinação. Poucos minutos depois, vi aqueles mesmo jovens se recusarem a fugir do ataque de um cão policial, recusarem-se a obedecer a um Bull Connor briguento no comando de homens armados com mangueiras potentes. Essas músicas nos unem, nos dão coragem e nos ajudam a marchar juntos.

Perto do fim das reuniões de massa, eu, Abernathy ou Shuttlesworth estenderia um apelo aos voluntários para que servissem em nosso exército não violento, deixando claro que não enviaríamos ninguém

UM NOVO DIA EM BIRMINGHAM

para manifestar que não tivesse convencido a si mesmo e a nós de que poderia aceitar e suportar a violência sem retaliação. Ao mesmo tempo, pedíamos aos voluntários que desistissem de todas as armas possíveis que pudessem ter. Centenas de pessoas responderam a esse apelo. Alguns daqueles que portavam canivetes, facas de escoteiros — todos os tipos de facas —, não as tinham porque queriam usar contra a polícia ou outros agressores, mas porque queriam se defender contra os cachorros do Sr. Connor. Nós provamos a eles que não precisávamos de nenhuma arma — nem mesmo uma escova de dente. Provamos que possuíamos a arma mais formidável de todas: a convicção de que estávamos certos. Tínhamos a proteção de nosso conhecimento de que estávamos mais preocupados em realizar nossos objetivos justos do que salvar nossas vidas.

Os períodos de convocação nas reuniões de massa, quando pedíamos por voluntários, eram muito semelhantes aos períodos de convite que ocorrem todo domingo de manhã nas igrejas dos negros, quando o pastor faz a chamada àqueles presentes para se juntarem à igreja. Nos anos 1920, 1930 e 1940, as pessoas se juntaram ao nosso exército. Não hesitamos em chamar nosso movimento de exército. Porém, era um exército especial, sem suprimentos a não ser a sua sinceridade; sem uniforme, mas com determinação; nenhum arsenal a não ser a sua fé; nenhum poder a não ser sua consciência. Era um exército que se movia, mas não maltratava. Era um exército que iria cantar, mas não massacrar. Era um exército que flanqueava, mas não vacilava. Era um exército para atacar os bastiões do ódio, sitiar as fortalezas da segregação para cercar os símbolos da discriminação. Era um exército cuja fidelidade era a Deus e cuja estratégia e inteligência eram os ditames eloquentemente simples da consciência.

Enquanto as reuniões continuavam e a batalha pela alma de Birmingham acelerava chamando a atenção do mundo, as reuniões ficavam mais lotadas e os voluntários eram mais numerosos. Homens, mulheres e crianças se aproximaram para apertar as mãos, e então dirigiram-se para a parte de trás da igreja, onde o Comitê de Treinamento de Liderança marcou um encontro com eles para irem ao nosso escritório no dia seguinte fazer triagens e um treinamento intensivo.

POR QUE NÃO PODEMOS ESPERAR

O foco dessas sessões de treinamento foram as encenações destinadas a preparar os manifestantes para alguns desafios que poderiam esperar enfrentar. A linguagem dura e o abuso físico da polícia e dos guardiões autonomeados da lei foram francamente apresentados, juntamente com o credo não violento em ação: resistir sem amargura, ser amaldiçoado e não replicar, ser espancado e não bater de volta. Os membros da equipe da SCLC que conduziram essas sessões desempenharam seus papéis com a convicção nascida da experiência. Eles incluíam o reverendo James Lawson,[39] expulso da Universidade Vanderbilt há alguns anos por seu trabalho militante pelos direitos civis e um dos principais expoentes do credo não violento do país; o reverendo James Bevel,[40] que já era um líder experiente em Nashville, Greenwood e outros lugares; sua esposa, Diane Nash Bevel,[41] que, como um estudante em Fisk, havia se tornado um dos principais símbolos do impulso dos jovens negros em direção à liberdade; o reverendo Bernard Lee,[42] cuja dedicação aos direitos civis datava de sua liderança no movimento estudantil na Faculdade Estadual do Alabama; o reverendo Andy Young,[43] nosso diretor de programas competente e dedicado; e Dorothy Cotton, diretora do nosso Programa de Educação para a Cidadania, que também trouxe seu talento rico para a música ao coração do movimento.

Nem todos que se voluntariavam poderiam passar em nossos testes rigorosos para servir nas manifestações. Porém, havia muito a ser feito, muito além do ato dramático de apresentar um corpo nas marchas. Havia tarefas a serem executadas, telefonemas a serem feitos, digitação e tantas outras coisas. Se um voluntário não estava capacitado para marchar, era utilizado em uma das dezenas de outras maneiras para ajudar a causa. Cada voluntário era obrigado a assinar um cartão de compromisso que dizia:

UM NOVO DIA EM BIRMINGHAM

Pelo presente, eu me comprometo — a minha pessoa e o meu corpo — ao movimento de não violência. Portanto, cumprirei os dez mandamentos seguintes:

1. Meditar diariamente nos ensinamentos e na vida de Jesus.
2. Sempre lembrar que o movimento não violento em Birmingham procura justiça e reconciliação — não vitória.
3. Andar e falar na prática do amor, porque Deus é amor.
4. Orar diariamente para ser usado por Deus e para que todos os homens possam ser livres.
5. Sacrificar desejos pessoais para que todos os homens possam ser livres.
6. Direcionar as regras comuns da cortesia tanto ao amigo quanto ao inimigo.
7. Procurar realizar um serviço regular para os outros e para o mundo.
8. Abster-se da violência do punho, da língua ou do coração.
9. Esforçar-se para estar em boa saúde espiritual e corporal.
10. Seguir as instruções do movimento e do capitão em uma manifestação.

Eu assino este compromisso, tendo considerado seriamente o que faço e com a determinação e vontade de perseverar.

Nome: _____

Endereço: _____

Telefone: _____

Parente mais próximo: _____

Endereço: _____

Além de manifestações, eu também poderei ajudar o movimento através de: (Circule os itens apropriados):

Fazer tarefas, dirigir meu carro, arranjar comida para os voluntários, trabalho eclesiástico, fazer chamadas telefônicas, atender telefones, usar o mimeógrafo, digitar, imprimir cartazes, distribuir folhetos.

Movimento Cristão do Alabama pelos Direitos Humanos.
Afiliada da SCLC em Birmingham
505 ½ North 17th Street
F.L. Shuttlesworth, presidente.

POR QUE NÃO PODEMOS ESPERAR

II

Eu tinha planejado me submeter à prisão dois ou três dias após o início das nossas manifestações. Não demorei muito tempo depois de voltar a Birmingham, contudo, para reconhecer a existência de um problema o qual tornou imprudente e impraticável que eu fosse para a cadeia antes que algo tivesse sido feito para resolvê-lo.

Fomos forçados a mudar nosso calendário duas vezes. Tivemos que fazer um retiro estratégico até depois do segundo turno e perdemos o contato com a comunidade por várias semanas. Havíamos retornado agora a uma cidade cuja estrutura de poder político estava dividida. Nós havíamos retornado para descobrir que nosso próprio povo não estava unido. Houve uma tremenda resistência ao nosso programa por parte de alguns ministros negros, empresários e profissionais da cidade. Essa oposição não existia porque aqueles negros não queriam ser livres. Isso existiu por várias razões.

O negro em Birmingham, como o negro em outras partes da nação, havia sofrido uma hábil lavagem cerebral a ponto de ter aceitado a teoria do homem branco de que, como um negro, ele era inferior. Ele queria acreditar que era igual a qualquer homem, mas não sabia por onde começar ou como resistir às influências que o condicionaram a seguir a linha de menor resistência e seguir as visões do homem branco. Ele sabia que havia exceções à avaliação do homem branco: um Ralph Bunche, um Jackie Robinson,[44] uma Marian Anderson.[45] Mas para o negro, em Birmingham e na nação, a exceção não se provou ser a regra.

Outra consideração também tinha afetado o pensamento de alguns dos líderes negros em Birmingham. Essa era a sensação muito difundida de que nossa ação era inoportuna e que deveríamos ter dado uma chance ao novo governo de Boutwell. O procurador-geral Robert Kennedy foi um dos primeiros a expressar sua crítica. O *Washington Post*, que cobriu nossas manifestações desde o primeiro dia em Birmingham, atacou nosso *timing* editorialmente. De fato, praticamente toda a cobertura na imprensa nacional a princípio havia sido negativa, retratando-nos como cabeças quentes irresponsáveis que haviam mergulhado em uma situação apenas quando Birmingham estava se preparando para mudar durante a noite para o Paraíso. O súbito surgimento do nosso protesto pareceu mostrar que essa visão era errada.

Durante o boicote dos ônibus em Montgomery, e na campanha de Albany, na Geórgia, tivemos a vantagem de uma imprensa nacional empática e compreensiva desde o início. Em Birmingham, não tivemos. É terrivelmente difícil travar uma batalha sem o apoio moral da imprensa nacional para neutralizar a hostilidade dos editores locais. As palavras *"timing* ruim" vieram a ser fantasmas assombrando todos os nossos movimentos em Birmingham. No entanto, as pessoas que usavam esse argumento eram ignorantes em relação ao passado do nosso planejamento. Eles não sabiam que havíamos adiado nossa campanha duas vezes. Não sabiam a razão de atacar a tempo para afetar as compras da Páscoa. Acima de tudo, não perceberam que era ridículo falar de *timing* quando o relógio da história mostrou que o negro já havia sofrido cem anos de atraso.

Não só muitos dos líderes negros foram afetados pela posição do governo, mas estavam satisfazendo a si mesmos com um falso otimismo sobre o que aconteceria com Birmingham sob a nova administração. A situação havia sido crítica por tantos anos que, suponho, essas pessoas achavam que qualquer mudança representava um passo gigantesco em direção ao bem. Muitos realmente acreditavam que, uma vez que a influência de Bull Connor tivesse desvanecido, tudo iria ficar bem.

Outra razão para a oposição dentro da comunidade negra foi o ressentimento por parte de alguns grupos e líderes porque não os havíamos mantido informados sobre a data que planejamos começar ou a estratégia que adotaríamos. Eles sentiram que estavam sendo atraídos para algo que não tinham participação na organização. Eles não perceberam que, devido à situação política local, havíamos sido forçados a manter nossos planos em segredo.

Estávamos procurando trazer uma grande mudança social que só poderia ser alcançada através de um esforço unificado. Contudo, nossa comunidade estava dividida. Nossos objetivos nunca poderiam ser alcançados em tal atmosfera. Foi decidido que conduziríamos um furacão de campanhas de reuniões com organizações e líderes da comunidade negra para procurar mobilizar todas as pessoas-chave e grupos por trás do nosso movimento.

Juntamente com os membros da minha equipe, comecei a me dirigir a numerosos grupos, representando uma seção transversal do nosso povo em Birmingham. Falei com 125 empresários e profissionais em uma reunião convocada no prédio Gaston. Conversei com duzentos pastores em uma reunião. Encontrei-me com muitos grupos menores, durante um calendário agitado de uma semana. Na maioria dos casos, quando eu entrava, a atmosfera era tensa e fria, e estava ciente de que havia muito trabalho a ser feito.

Fui imediatamente ao assunto, explicando aos empresários e profissionais por que tínhamos sido forçados a prosseguir sem avisá-los da data antecipadamente. Lidei com o argumento do tempo. Aos pastores, enfatizei a necessidade de um evangelho social para suplementar o evangelho da salvação individual. Sugeri que apenas uma religião "seca como poeira" leva um ministro a exaltar as glórias do Céu enquanto ignora as condições sociais que causam aos homens um inferno terrestre. Implorei pela projeção da liderança do pastor negro firme e forte, apontando que ele é mais livre, mais independente do que qualquer outra pessoa na comunidade. Perguntei como o negro poderia ganhar sua liberdade sem a orientação, o apoio e a inspiração de seus líderes espirituais.

Desafiei aqueles que tinham sido persuadidos de que eu era um "intruso". Assinalei que o Movimento Cristão pelos Direitos Humanos do Alabama de Fred Shuttlesworth era um afiliado da Conferência de Lideranças Cristãs do Sul, e que o grupo de Shuttlesworth havia pedido a SCLC para vir a Birmingham, e que, como presidente da SCLC, eu tinha vindo com interesse de ajudar um afiliado.

Expandi ainda mais a acusação cansada e desgastada de "ser um intruso", que enfrentamos em cada comunidade em que fomos tentar ajudar. Nenhum negro, na verdade, nenhum americano, é um forasteiro quando vai a qualquer comunidade para ajudar na causa da liberdade e da justiça. Nenhum negro é um forasteiro em qualquer lugar, independentemente de sua posição social, seu *status* financeiro, seu prestígio e posição, desde que a dignidade e a decência sejam negadas à criança negra mais humilde do Mississípi, do Alabama ou da Geórgia.

A devastadora Revolução Negra como resultado surpreendente em Birmingham, revelou às pessoas de todo o país que não há forasteiros em todos esses cinquenta estados da América. Quando um cão policial enfiou suas presas no tornozelo de uma criança pequena em Birmingham, ele enfiou as presas no tornozelo de todos os americanos. O sino da desumanidade não cobra o pedágio para qualquer homem. Cobra de você, de mim, de todos nós.

De alguma forma, Deus me deu o poder de transformar os ressentimentos, as suspeitas, os medos e os mal-entendidos que encontrei nessa semana, em fé e entusiasmo. Falei vindo do meu coração, e vieram endossos firmes e promessas de participação e apoio de cada reunião. Com a nova união que se desenvolveu e agora derramou sangue novo em nosso protesto, os alicerces da velha ordem estavam condenados. Uma nova ordem estava destinada a nascer, e nem todos os poderes de intolerância ou Bull Connor poderiam abortá-la.

III

No final dos três primeiros dias de manifestações nos balcões de almoço, haviam ocorrido 35 prisões. No sábado, dia 6 de abril, começamos a próxima etapa em nossa cruzada com uma passeata até a prefeitura. Cuidadosamente selecionadas e escondidas, as primeiras ondas de manifestantes se comportaram exatamente como haviam sido treinadas para fazer. Elas marcharam em filas ordenadas em pares, sem faixas ou bandas cantando. Quando chegaram a um ponto, a três quarteirões de seu objetivo, onde oficiais de Bull Connor apareceram, ficaram em silêncio enquanto seus líderes se recusavam, polidamente, mas de forma firme, a obedecer às ordens de dispersão dadas por Connor. Em seguida, 42 pessoas foram presas por "marcharem sem permissão". Elas foram escoltadas com incrível delicadeza nas vans policiais e permitiram, por sua vez, ser guiadas sem resistir, cantando canções de liberdade no caminho para a prisão. As calçadas estavam cheias de negros animados, cantando e aplaudindo vigorosamente seus heróis presos — porque isso é exatamente o que eram aos olhos dos seus vizinhos e amigos. Algo estava acontecendo com o negro nessa cidade, assim como algo revolucionário estava ocorrendo na mente, no coração e na alma dos negros em toda a América.

A partir de então, as manifestações diárias ficaram mais fortes. Nossos boicotes aos comerciantes do centro estavam se mostrando incrivelmente eficazes. Alguns dias após a Páscoa, uma verificação cuidadosa mostrou que menos de vinte negros entraram em todas as lojas no centro da cidade. Enquanto isso, com o número de voluntários crescendo diariamente, fomos capazes de lançar campanhas contra uma variedade de objetivos: manifestações ajoelhando nas igrejas, na biblioteca, marcha até o edifício do condado para marcar a abertura de uma campanha de unidade de registro de eleitores. E o tempo todo os presídios estavam se enchendo lenta, mas constantemente.

Moradores de ambas as raças residentes em Birmingham ficaram surpresos com a contenção dos homens de Connor no início da campanha. É verdade que os cães policiais e os cassetetes fizeram sua estreia no Domingo de Ramos, mas o aparecimento deles naquele dia foi breve e desapareceram rapidamente. O que os observadores provavelmente não perceberam foi que o comissário estava tentando tirar uma página do livro do Chefe de Polícia Laurie Pritchett, de Albany. O Chefe Pritchett achava que, ao ordenar que sua polícia não fosse violenta, ele havia descoberto um novo modo de derrotar as manifestações. O Sr. Connor, conforme se transcorreu, não iria aderir à não violência por muito tempo: os cachorros estavam latindo nos canis não muito longe e as mangueiras foram preparadas. Porém, essa é outra parte da história.

Uma segunda razão pela qual Bull Connor se distanciou no começo, foi a crença em ter encontrado uma saída. Isso ficou evidente no dia 10 de abril, quando a prefeitura obteve uma liminar que nos ordenou a cessar nossas atividades até que nosso direito de manifestação fosse discutido no tribunal. A hora havia chegado para contrapormos sua manobra legal com uma estratégia própria. Dois dias depois, fizemos uma

UM NOVO DIA EM BIRMINGHAM

coisa audaciosa, algo que nunca havíamos feito em outra cruzada. Nós desobedecemos a uma ordem judicial.

Não demos esse passo radical sem consideração prolongada e oração. A desobediência civil planejada e deliberada já havia sido discutida desde a reunião no apartamento de Harry Belafonte, em março. Ali consultando alguns dos amigos mais próximos do movimento, decidimos que, se fosse emitida uma liminar para impedir nossos manifestantes, seria nosso dever violá-la. Para alguns, isso soará contraditório e moralmente indefensável. Nós, que lutamos pela justiça, e que nos opomos àqueles que não honram a lei da Suprema Corte e às decisões das agências federais, estávamos dizendo abertamente que iríamos violar uma ordem judicial. No entanto, sentimos que havia razões persuasivas para nossa posição.

Quando a decisão sobre a dessegregação escolar foi proferida pela Suprema Corte, os principais líderes segregacionistas prometeram frustrá-la invocando "um século de litígios". Havia mais significado nessa ameaça do que muitos americanos imaginaram. O método de liminar agora tinha se tornado o principal instrumento do Sul para bloquear a ação direta dos direitos civis e impedir os cidadãos negros e seus aliados brancos de se engajarem em assembleias pacíficas, um direito garantido pela Primeira Emenda. Você inicia uma manifestação não violenta. A estrutura de poder assegura uma liminar contra você. Pode levar dois ou três anos antes que qualquer disposição do caso seja feita. Os tribunais do Alabama são notórios pelos casos de "manifestações" dessa natureza. Essa tem sido uma maneira pseudolegal e maliciosamente eficaz de derrubar um protesto moral legítimo.

Havíamos antecipado que este procedimento seria usado em Birmingham. Ele havia sido invocado em Montgomery para proibir nossas caronas durante o boicote dos ônibus. Ele havia destruído o movimento de protestos em Talladega, no Alabama. Ele havia bombardeado nossos esforços em Albany, na Geórgia. Ele havia expulsado a NAACP do estado do Alabama. Decidimos, portanto, sabendo bem quais seriam as consequências e preparados para aceitá-las, que não tínhamos escolha a não ser violar tal liminar.

Quando a liminar foi emitida em Birmingham, nossa recusa em obedecer confundiu nossos oponentes, que não sabiam o que fazer. Nós

POR QUE NÃO PODEMOS ESPERAR

não escondemos nossas intenções. Na verdade, anunciei nosso plano à imprensa, apontando que não éramos anarquistas, apoiadores da ilegalidade, mas nos era evidente que os tribunais do Alabama tinham usado o processo judicial de forma ruim para perpetuar a injustiça e a segregação. Consequentemente, não poderíamos, em sã consciência, obedecer às suas conclusões.

Eu pretendia ser um dos primeiros a dar o exemplo da desobediência civil. Dez dias depois que as manifestações começaram, entre quatrocentos e quinhentas pessoas haviam sido presas, algumas foram libertadas sob fiança, mas cerca de trezentas permaneceram presas. Agora que o trabalho de unificação da comunidade negra havia sido realizado, minha hora havia chegado. Decidimos que a Sexta-feira Santa, devido à sua significância simbólica, seria o dia em que Ralph Albernathy e eu iríamos apresentar nossos corpos como testemunhas pessoais nessa cruzada.

Logo depois de anunciarmos nossa intenção de liderar a manifestação do dia 12 de abril e nos submetermos à prisão, recebemos uma mensagem tão angustiante que ameaçou arruinar o movimento. Na madrugada de quinta-feira à noite, a pessoa que havia fornecido fiança para os manifestantes nos informou que não poderia continuar, pois recebera uma notificação de que seus ativos financeiros eram insuficientes. Obviamente, esse foi outro movimento da participação da cidade para prejudicar nossa causa.

Foi um golpe sério. Nós havíamos usado todo o dinheiro que tínhamos disponíveis para fiança. Nosso povo, por quem tínhamos uma responsabilidade moral, estava na cadeia. Outros cinquenta estavam prontos para ir com o Ralph e eu. Este seria o maior grupo isolado a ser preso até o momento. Sem condições para fiança, como poderíamos garantir a eventual liberação?

Na Sexta-feira Santa, de manhã cedo, sentei-me no quarto 30 do Motel Gaston discutindo essa crise com 24 pessoas-chave. Enquanto conversávamos, uma sensação de desgraça começou a invadir a sala. Olhei ao redor e vi que, pela primeira vez, nossos líderes mais dedicados e devotados ficaram sobrecarregados por um sentimento de desesperança. Ninguém sabia o que dizer, porque ninguém sabia o que fazer.

Finalmente alguém falou, e enquanto falava, pude ver que estava dando voz ao que estava na mente de todos.

— Martin — ele disse —, isso significa que você não pode ir para a cadeia. Precisamos de muito dinheiro. E precisamos agora. Você é o único que tem os contatos para conseguir isso. Se for preso, estamos perdidos. A batalha de Birmingham está perdida.

Sentei-me ali consciente dos vinte e quatro pares de olhos. Pensei nas pessoas que estavam na cadeia. Pensei nos negros de Birmingham já ocupando as ruas da cidade, esperando para me ver colocar em prática o que eu havia pregado apaixonadamente. Como o meu fracasso em submeter-me à prisão agora poderia ser explicado à comunidade local? Qual seria o veredito do país sobre o homem que havia encorajado centenas de pessoas a fazerem um sacrifício impressionante e depois se excluiu?

Então minha mente começou a correr na direção oposta. Suponha que eu vá para a cadeia? O que iria acontecer aos trezentos? De onde sairia o dinheiro para garantir sua libertação? O que aconteceria com a nossa campanha? Quem estaria disposto a nos seguir para a cadeia sem saber quando ou se iria sair para caminhar sob o sol de Birmingham mais uma vez?

Sentei-me no meio do silêncio mais profundo que já senti, com duas dúzias de pessoas no quarto. Chega um momento na atmosfera da liderança que um homem, cercado por amigos e aliados leais, percebe que se encontra face a face consigo mesmo. Eu estava sozinho naquele quarto lotado.

Andei até o outro cômodo na parte de trás da suíte e fiquei parado no meio do quarto. Penso que também estava em pé no centro de tudo o que minha vida tinha me tornado. Pensei nas 24 pessoas esperando no cômodo ao lado. Pensei nas trezentas pessoas esperando na prisão. Pensei na Comunidade Negra de Birmingham esperando. Então minha mente pulou para além do Motel Gaston, para além da cadeia municipal, para além das fronteiras municipais e estaduais, e pensei nos vinte milhões de pessoas negras que sonharam que um dia iriam ser capazes de cruzar o Mar Vermelho da injustiça e encontrar seu caminho para a Terra Prometida da integração e liberdade. Não havia mais espaço para dúvidas.

POR QUE NÃO PODEMOS ESPERAR

Tirei minha camisa e calça, coloquei as roupas de trabalho e voltei para o outro quarto para dizer que havia decidido ir para a cadeia.

— Eu não sei o que irá acontecer; não sei de onde o dinheiro virá. Mas eu tenho que fazer um ato de fé.

Virei-me para Ralph Abernathy:

— Sei que deseja estar em seu púlpito no Domingo da Ressurreição, Ralph. Mas estou pedindo para que você vá comigo.

Conforme Ralph se levantou sem hesitação, todos deram as mãos, e vinte e cinco vozes no quarto 30 do Motel Gaston em Birmingham, Alabama, cantaram o hino de batalha de nosso movimento: "We Shall Overcome".

Dirigimos do motel até a Igreja Zion Hill, onde a marcha iria começar. Muitas centenas de negros acabaram nos vendo e uma grande esperança cresceu dentro de mim quando vi aqueles rostos sorrindo em aprovação enquanto passávamos. Parecia que todos os policiais de Birmingham haviam sido enviados para a área. Deixando a igreja, acompanhados pelo restante do nosso grupo de cinquenta pessoas, começamos a caminhar pelas ruas proibidas que levavam ao setor do centro da cidade. Foi uma linda marcha. Fomos autorizados a andar mais longe do que a polícia jamais havia permitido antes. Caminhamos por sete ou oito blocos. Ao longo de todo o caminho, negros se enfileiravam nas ruas. Estávamos cantando e eles se juntavam a nós. Ocasionalmente, o canto das calçadas era intercalado com explosões de aplausos.

Conforme nos aproximamos do centro da cidade, Bull Connor ordenou que seus homens nos prendessem. Ralph e eu fomos arrastados por dois policiais musculosos segurando as costas de nossas camisas. Todos os outros foram prontamente presos. Na cadeia, Ralph e eu fomos separados de todos os outros e, mais tarde, um do outro.

Por mais de vinte e quatro horas, fiquei em confinamento solitário, sem comunicação. Ninguém tinha a permissão de me visitar, nem mesmo meus advogados. Essas foram as horas mais longas, mais frustrantes e desconcertantes que vivi. Não tendo contato de nenhum tipo, eu estava cercado por preocupação. Como havia sido o movimento? Onde Fred e os outros líderes receberiam o dinheiro para liberar nossos manifestantes? O que estava acontecendo com a moral da comunidade negra?

UM NOVO DIA EM BIRMINGHAM

Não sofri brutalidade física nas mãos dos meus carcereiros. Alguns dos funcionários da prisão eram grosseiros e abusivos, mas isso era de se esperar nas prisões do Sul. Todavia, o confinamento na solitária foi suficientemente brutal. De manhã, o sol nascia enviando raios de luz através da janela no alto da cela estreita que era minha casa. Você nunca saberá o significado da escuridão total até que tenha ficado em tal calabouço, sabendo que a luz do sol está fluindo no alto e ainda vendo apenas a escuridão abaixo. Você pode ter pensado que eu estava nas garras de uma fantasia provocada pela preocupação. Realmente me preocupei. Mas havia mais na escuridão do que um fenômeno conjurado por uma mente preocupada. Qualquer que fosse a causa, o que permaneceu foi o fato de que eu não conseguia ver a luz.

Quando deixei minha casa em Atlanta alguns dias antes, minha esposa, Coretta, havia acabado de dar à luz o nosso quarto filho. Por mais feliz que estivéssemos com a nova menininha, Coretta ficou desapontada por sua condição não permitir que me acompanhasse. Ela havia sido minha força e inspiração durante o terror de Montgomery. Ela havia sido ativa em Albany, na Geórgia, e estava se preparando para ir para a cadeia com as esposas dos outros líderes de direitos civis ali, pouco antes de a campanha terminar.

Agora, ela não somente estava confinada em nossa casa, como também lhe havia sido negada até a consolação de um telefonema do marido. Na segunda-feira após nossa prisão, ela decidiu que deveria fazer alguma coisa. Lembrando-se do apelo que John Kennedy lhe fizera quando fui preso na Geórgia durante a campanha eleitoral de 1960, fez uma ligação para o presidente. Dentro de alguns minutos, seu irmão, o procurador-geral Robert Kennedy, telefonou de volta. Ela lhe disse que sabia que eu estava em confinamento solitário e temia pela minha segurança. O procurador-geral prometeu fazer tudo o que pudesse para aliviar minha situação. Poucas horas depois, de Palm Beach, o próprio presidente Kennedy telefonou para Coretta, e assegurou-lhe que investigaria o assunto imediatamente. Aparentemente, o presidente e seu irmão fizeram ligações para autoridades em Birmingham; pois imediatamente depois que Coretta ouviu as promessas deles, meus carcereiros me perguntaram se desejava ligar

POR QUE NÃO PODEMOS ESPERAR

para ela. Após a intervenção do presidente, as condições mudaram de forma considerável.

Enquanto isso, na tarde de domingo da Páscoa, dois de nossos advogados puderam me visitar: Orzell Billingsley e Arthur Shores. Eles disseram que Clarence B. Jones, meu amigo e advogado, viria de Nova York no dia seguinte. Quando saíram, nenhuma das perguntas que me atormentavam havia sido respondida; mas quando Clarence Jones chegou no dia seguinte, antes que pudesse dizer como estava feliz em vê-lo, ele disse algumas palavras que tiraram um grande peso do meu coração:

— Harry Belafonte conseguiu arrecadar cinquenta mil dólares para fianças. Está disponível imediatamente. E ele diz que irá arrecadar o que mais você precisar.

Achei difícil dizer o que senti. A mensagem de Jones me trouxe mais do que alívio da preocupação imediata com dinheiro; mais do que gratidão pela lealdade de amigos distantes; mais do que a confirmação de que a vida do movimento não poderia ser apagada. O que me silenciou foi um profundo sentimento de admiração. Estava ciente de um sentimento que esteve presente todo o tempo abaixo da superfície da consciência, pressionado sob o peso da preocupação com o movimento: eu nunca tinha estado verdadeiramente em confinamento solitário. O companheirismo de Deus não para na porta de uma cela de prisão. Eu não sei se o sol estava brilhando naquele momento. Mas sei que pude ver a luz mais uma vez.

V

Cartas de uma cadeia em Birmingham[46]

16 de abril de 1963

Meus queridos companheiros clérigos,

Enquanto confinado aqui na cadeia da cidade de Birmingham, de-parei-me com sua declaração recente chamando minhas atividades presentes de "insensatas e intempestivas". Raramente pauso para responder críticas ao meu trabalho e às minhas ideias. Se buscasse responder a todas as críticas que passam por minha mesa, minhas secretárias teriam pouco tempo para qualquer coisa ao longo do dia além de tais correspondências, e eu não teria tempo para um trabalho construtivo. Porém, como senti que os senhores são homens de genuína boa vontade e que suas críticas são apresentadas com sinceridade, quero tentar responder à sua declaração no que espero que sejam termos razoáveis e pacientes.

Acredito que devo indicar por que estou aqui em Birmingham desde que os senhores foram influenciados pela visão que argumenta contra os "forasteiros". Tive a honra de servir como presidente da Conferência da Liderança Cristã do Sul, uma organização operando em cada estado do Sul, com a matriz em Atlanta, na Geórgia. Temos cerca de 85 organizações afiliadas por todo o Sul, e uma delas é o Movimento Cristão pelos

POR QUE NÃO PODEMOS ESPERAR

Direitos Humanos no Alabama. Frequentemente compartilhamos membros da equipe e recursos financeiros e educacionais com nossas afiliadas. Alguns meses atrás, a afiliada aqui em Birmingham nos pediu para estarmos de plantão para participar de um programa de ação direta não violenta, se tal ato fosse considerado necessário. Consentimos prontamente, e quando a hora chegou, cumprimos nossa promessa. Então eu, juntamente com vários membros da minha equipe, estou aqui porque fui convidado a estar. Estou aqui porque tenho laços organizacionais aqui.

Estou aqui em Birmingham porque a injustiça está aqui. Assim como os profetas do século VIII d.C. deixaram suas vilas e carregaram seu "assim diz o Senhor," muito além dos limites de suas cidades natais, e assim como o apóstolo Paulo deixou sua vila em Tarso e levou o evangelho de Jesus Cristo até os cantos distantes do mundo greco-romano, também sou compelido a levar o evangelho da liberdade para além da minha própria cidade natal. Como Paulo, devo responder constantemente ao chamado por ajuda aos macedônios.

Além disso, estou ciente da inter-relação de todas as comunidades e estados. Não posso sentar ociosamente em Atlanta e não ficar preocupado com o que acontece em Birmingham. Injustiça em qualquer lugar é uma ameaça à justiça em todos os lugares. Estamos presos em uma rede inescapável de mutualidade, amarrados em uma única vestimenta do destino. Qualquer coisa que afeta um diretamente, afeta a todos indiretamente. Nunca mais podemos permitir viver com a ideia estreita e provincial de "agitador forasteiro". Qualquer um que vive dentro dos Estados Unidos nunca pode ser considerado um forasteiro em qualquer lugar dentro dos seus limites.

Os senhores deploram as manifestações que ocorrem em Birmingham. Mas a sua declaração, lamento dizer, falha em expressar preocupação semelhante pelas condições que provocaram as manifestações. Tenho certeza de que nenhum dos senhores gostaria de se contentar com o tipo superficial de análise social que lida apenas com os efeitos e não com as causas subjacentes. É lamentável que estejam ocorrendo manifestações em Birmingham, mas é ainda mais lamentável que a estrutura de poder branco da cidade tenha deixado a comunidade negra sem alternativas.

Há quatro etapas básicas em qualquer campanha não violenta: coleta de fatos para determinar se existem injustiças; negociação; autopurificação e ação direta. Passamos por todos esses passos em Birmingham. Não pode haver contestação no fato de que a injustiça racial engole essa comunidade. Birmingham é provavelmente a cidade mais segregada de forma completa dos Estados Unidos. Seu terrível registro de brutalidade é amplamente conhecido. Os negros têm experimentado tratamentos grosseiramente injustos nos tribunais. Houve mais bombardeamentos em casas e igrejas negras em Birmingham do que em qualquer outra cidade dessa nação. Esses são os fatos difíceis e brutais desse caso. Com base nessas condições, os líderes negros procuraram negociar com os pais da cidade. Porém, estes últimos recusaram-se constantemente a se envolver em negociações de boa-fé.

Então, em setembro do ano passado, veio a oportunidade de conversar com os líderes da comunidade econômica de Birmingham. No decorrer das negociações, certas promessas foram feitas pelos comerciantes, por exemplo, para remover os cartazes de humilhação racial das lojas. Com base nessas promessas, o reverendo Fred Shuttlesworth e os líderes do Movimento Cristão pelos Direitos Humanos do Alabama concordaram com uma moratória em todas as manifestações. Conforme as semanas e os meses passaram, percebemos que éramos vítimas de uma promessa quebrada. Alguns cartazes, removidos brevemente, retornaram. Os outros permaneceram.

Como em tantas experiências passadas, nossas esperanças foram destruídas e a sombra de um profundo desapontamento se instalou em nós. Não tínhamos nenhuma alternativa senão nos preparar para a ação direta, pela qual apresentaríamos nossos próprios corpos como um meio de expor nosso caso diante da consciência da comunidade local e nacional. Cientes das dificuldades envolvidas, decidimos passar por um processo de autopurificação.

Iniciamos uma série de *workshops* sobre não violência e repetidamente nos perguntávamos: "Você é capaz de aceitar os ataques sem retaliar? Você é capaz de suportar a provação da cadeia?". Decidimos agendar nosso programa de ação direta para o período da Páscoa, percebendo que, exceto no Natal, esse é o principal período de compras do ano. Sabendo que um forte programa de retirada econômica seria o subproduto de uma ação direta, sentimos que aquele seria o melhor momento para pressionar os comerciantes pelas mudanças necessárias.

Então nos ocorreu que a eleição para prefeito de Birmingham seria em março, e rapidamente decidimos postergar nossa ação. Quando soubemos que o Comissário de Segurança Pública, Eugene "Bull" Connor, havia acumulado votos suficientes para um segundo turno, novamente decidimos adiá-la até o dia posterior a sua realização, para que as manifestações não fossem usadas para nublar os problemas. Como muitos outros, esperamos para ver o Sr. Connor derrotado e, para isso, suportamos adiamento após adiamento. Tendo ajudado nessa necessidade da comunidade, sentimos que nosso programa de ação direta não poderia mais ser adiado.

Vocês podem perguntar: "Por que ação direta? Por que manifestações pacíficas, marchas e assim por diante? A negociação não é um caminho melhor?". Vocês têm razão em pedir por negociação. Na verdade, esse é o objetivo da ação direta. A ação direta não violenta busca criar uma crise desse tipo e fomentar tal tensão que uma comunidade que se recusa constantemente a negociar seja forçada a enfrentar a questão. Procura-se, assim, dramatizar a questão para que não possa mais ser ignorada. Minha menção de criação de tensão como parte do trabalho não violento pode parecer bastante chocante. Porém, devo confessar que não tenho medo da palavra "tensão". Eu sinceramente me opus à tensão violenta, mas há um tipo de tensão construtiva e não violenta que é necessária para o crescimento. Assim como Sócrates sentiu que era necessário criar uma tensão na mente para que os indivíduos pudessem erguer-se da escravidão dos mitos e meias-verdades para o domínio irrestrito da análise criativa e da avaliação objetiva, assim devemos ver a necessidade das altercações não violentas de criarem um tipo de tensão na sociedade que irá ajudar os homens a se erguerem das profundezas sombrias do preconceito e do racismo para as alturas majestosas da compreensão e da fraternidade.

O objetivo do nosso programa de ação direta é criar uma situação tão cheia de crises que inevitavelmente abrirá as portas para a negociação. Eu, portanto, concordo com seu pedido para negociação. Por

CARTAS DE UMA CADEIA EM BIRMINGHAM

muito tempo, nossas amadas terras do Sul têm se atolado em um esforço trágico para viver em um monólogo em vez de um diálogo.

Um dos pontos básicos em sua declaração é que a ação que eu e meus associados fizemos em Birmingham é prematura. Alguns perguntaram: "Por que vocês não deram tempo para a nova administração da cidade agir?". A única resposta que posso dar a essa pergunta é que a nova administração de Birmingham deve ser estimulada tanto quanto aquela que está saindo, antes que faça alguma coisa. Estaremos tristemente enganados se acharmos que a eleição de Albert Boutwell para prefeito trará o milênio para Birmingham. Apesar de o Sr. Boutwell ser uma pessoa muito mais gentil do que o Sr. Connor, ambos são segregacionistas dedicados à manutenção do *status quo*. Tenho esperanças de que o Sr. Boutwell será razoável o suficiente para ver a futilidade da resistência maciça à dessegregação. Mas ele não verá isso sem a pressão de devotos dos direitos civis. Meus amigos, devo lhes dizer que não fizemos um único ganho para os direitos civis sem uma pressão legal e não violenta determinada. Lamentavelmente, é um fato histórico que grupos privilegiados raramente desistem de seus privilégios voluntariamente. Indivíduos podem ver a luz moral e desistir voluntariamente de sua postura injusta, mas, como Reinhold Niebuhr[47] nos lembrou, os grupos tendem a ser mais imorais do que os indivíduos.

Sabemos, através da dolorosa experiência, que a liberdade nunca é dada voluntariamente pelo opressor; ela deve ser exigida pelos oprimidos. Francamente, ainda tenho que participar de uma campanha de ação direta que foi "no momento certo", na visão daqueles que não sofreram indevidamente da doença da segregação. Por anos, tenho ouvido a palavra "Espere!". Ela soa com familiaridade penetrante no ouvido de cada negro. Esse "Espere!" na maioria das vezes significa "Nunca". Devemos ir ver, com um dos nossos ilustres juristas, que "a justiça que se retarda por muito tempo é uma justiça negada".

Temos esperado por mais de 340 anos por nossos direitos constitucionais e divinos. As nações da Ásia e da África estão se movendo com a velocidade de um jato em direção à independência política, mas nós ainda nos arrastamos ao ritmo de carroça para ganhar uma xícara de café em um balcão de almoço. Talvez seja fácil para aqueles que nunca

POR QUE NÃO PODEMOS ESPERAR

sentiram as flechas perfurantes da segregação dizer "Espere!". Mas quando tiverem visto grupos perversos lincharem suas mães e pais à vontade, e afogarem suas irmãs e irmãos por capricho; quando tiverem visto policiais cheios de ódio amaldiçoarem, chutarem e até matarem irmãos e irmãs negros; quando tiverem visto a grande maioria dos seus vinte milhões de irmãos negros sufocando em uma gaiola de pobreza hermética no meio de uma sociedade afluente; quando subitamente encontrarem sua língua enrolada e sua fala gaguejando conforme procura explicar para sua filha de seis anos o porquê de ela não poder sair para o parque de diversões público que acabou de ser anunciado na televisão, e ver lágrimas surgindo em seus olhos quando lhe for dito que a Cidade Divertida é fechada para crianças de cor, e ver nuvens sinistras de inferioridade começando a se formar em seu pequeno céu mental, e vê-la começando a distorcer sua personalidade por desenvolver uma amargura inconsciente contra as pessoas brancas; quando tiverem que inventar uma resposta para um filho de cinco anos que está perguntando: "Papai, por que as pessoas brancas são tão más com as pessoas de cor?"; quando fizerem um passeio pelo país e achar necessário dormir noite após noite em seu automóvel porque nenhum hotel irá aceitá-lo; quando você é humilhado dia após dia por cartazes enervantes que dizem "branco" ou "de cor"; quando seu primeiro nome se torna "crioulo", seu nome do meio se torna "moleque" (independentemente de quantos anos tenha) e seu sobrenome se torna "John", e sua esposa e mãe nunca recebam o título respeitoso de "Sra."; quando você é atormentado de dia e assombrado à noite pelo fato de ser negro, vivendo constantemente na ponta dos pés, sem realmente saber o que esperar a seguir e é atormentado por medos internos e ressentimentos externos; quando está sempre lutando contra uma sensação degenerada de "ser ninguém" — só então você entenderá por que achamos difícil esperar.

Chega um momento que a taça da resistência passa, e os homens não estão mais dispostos a mergulhar no abismo do desespero. Espero, senhores, que possam entender nossa impaciência legítima e inevitável.

Os senhores expressam grande ansiedade sobre nossa disposição para quebrar as leis. Essa certamente é uma preocupação legítima. Ainda que nós, tão diligentemente, instamos as pessoas a obedecerem à decisão da Suprema Corte de 1954 que proíbe a segregação nas escolas públicas, parece bastante paradoxal, à primeira vista, quebrarmos propositalmente as leis. Alguém pode perguntar: "Como pode defender quebrar algumas leis e obedecer a outras?". A resposta se encontra no fato de que há dois tipos de leis: a justa e a injusta. Eu serei o primeiro a advogar pela obediência às leis justas. Uma pessoa não somente tem uma responsabilidade legal, mas também moral, de obedecê-las. Por outro lado, tem-se a responsabilidade moral de desobedecer às leis injustas. Eu concordaria com Santo Agostinho que "uma lei injusta não é lei nenhuma".

Agora, qual é a diferença entre as duas? Como alguém determina se a lei é justa ou injusta? Uma lei justa é um código feito pelo homem que se enquadra na lei moral ou na lei de Deus. Uma lei injusta é um código que não está em harmonia com a lei moral. Para colocar nos termos de São Tomás de Aquino: uma lei injusta é uma lei humana que não está enraizada na lei eterna e na lei natural. Qualquer lei que eleva a personalidade humana é justa. Qualquer lei que degrada a personalidade humana é injusta. Todos os estatutos segregacionistas são injustos porque a segregação distorce a alma e danifica a personalidade. Dá ao segregador uma falsa sensação de superioridade e ao segregado um falso senso de inferioridade. Segregação, para usar a terminologia do filósofo judeu Martin Buber, substitui um relacionamento "Eu-Você" por um relacionamento "Eu-Isso" e acaba relegando as pessoas ao *status* das coisas. Portanto, segregação não é somente política, econômica e socialmente doentia, mas é moralmente errada e pecaminosa. O teólogo Paul Tillich havia dito que o pecado é a separação. A segregação não é a expressão existencial da separação trágica do homem, seu horrível afastamento, sua terrível pecaminosidade? É assim que posso clamar para os homens obedecerem à decisão de 1954 da Suprema Corte, porque é moralmente correto; e posso exortá-los a desobedecerem às ordens segregacionistas, porque são moralmente erradas.

Vamos considerar um exemplo mais concreto de leis justas e injustas. Uma lei injusta é um código que um grupo numérico ou de maioria do poder obriga um grupo minoritário a obedecer, mas não o torna vinculativo a si mesmo. Essa é a *diferença* que foi legalizada. Da

POR QUE NÃO PODEMOS ESPERAR

mesma forma, uma lei justa é um código que a maioria compele uma minoria a seguir e que também está disposta a seguir. Essa é a *igualdade* legalizada.

Deixe-me dar outra explicação. Uma lei é injusta se infligir a uma minoria que, como resultado da negação do direito ao voto, não tem nenhuma participação na promulgação da concepção da lei. Quem pode dizer que a legislatura do Alabama, que estabeleceu as leis de segregação daquele estado, foi eleita democraticamente? Por todo o Alabama, todo tipo de método desonesto é usado para impedir que os negros se tornem eleitores registrados, e há alguns distritos em que, embora os negros sejam a maioria da população, não há nem um negro registrado. Qualquer lei decretada sob tais circunstâncias pode ser considerada democraticamente estruturada?

Às vezes, uma lei é justa no papel e injusta em sua aplicação. Por exemplo, fui preso com a acusação de manifestar sem permissão. Agora, não há nada de errado em ter um regulamento em que se requere a permissão para uma manifestação. Mas tal requerimento torna-se injusto quando é usado para manter a segregação e para negar aos cidadãos o privilégio da Primeira Emenda de reunião e protestos pacíficos.

Espero que os senhores sejam capazes de enxergar a distinção que estou tentando mostrar. Em nenhum sentido eu defendo evadir ou desafiar a lei como o radical segregacionista faria. Isso levaria à anarquia. Aquele que infringe uma lei injusta deve fazê-lo de maneira aberta, amorosa e com disposição para aceitar a penalidade. Eu aceito que um indivíduo que infringe uma lei que sua consciência diz que é injusta, e que aceita de bom grado a pena de prisão para despertar a consciência da comunidade sobre sua injustiça, está, na verdade, expressando o mais alto respeito à lei.

Claro, não há nada de novo nesse tipo de desobediência civil. Ficou evidenciado sublimemente na recusa de Sadraque, Mesaque e Abdnego[48] em obedecer às leis de Nabucodonosor, com o fundamento de que uma lei moral mais elevada estava em jogo. Foi praticada de forma magnífica pelos primeiros cristãos, que estavam dispostos a enfrentar leões famintos ou a dor excruciante de cortar blocos em vez de se submeterem a certas leis injustas do Império Romano. Até certo ponto, a liberdade

CARTAS DE UMA CADEIA EM BIRMINGHAM

acadêmica é uma realidade hoje porque Sócrates praticou a desobediência civil. Em nossa própria nação, a Festa do Chá de Boston representou uma ação massiva de desobediência civil.

Nunca devemos nos esquecer de que tudo o que Adolf Hitler fez na Alemanha era "legal" e tudo o que os lutadores húngaros pela liberdade[49] fizeram na Hungria era "ilegal". Era "ilegal" ajudar e confortar um judeu na Alemanha de Hitler. Mesmo assim, tenho certeza de que, se eu tivesse vivido na Alemanha daquele período, teria ajudado e confortado meus irmãos judeus. Se hoje vivesse em um país comunista, onde certos princípios queridos pela fé cristã fossem suprimidos, eu iria defender abertamente a desobediência das leis antirreligiosas daquele país.

Devo lhes fazer duas confissões honestas, meus irmãos cristãos e judeus. Primeiro, devo confessar que nos últimos anos tenho ficado bastante desapontado com os brancos moderados. Quase cheguei à lamentável conclusão de que o grande obstáculo dos negros em seu passo rumo à liberdade não é o Conselho dos Cidadãos Brancos[50] ou a Ku Klux Klan, mas sim o branco moderado, que é mais devoto à "ordem" do que à justiça; que prefere a paz negativa, que é a ausência de tensão, à paz positiva, que é a presença de justiça; que diz constantemente: "Concordo com você no objetivo que busca, mas não posso concordar com seus métodos de ação direta"; que paternalisticamente acredita que pode definir o calendário para a liberdade de outro homem; que vive por um conceito de tempo mítico e que constantemente aconselha o negro a esperar por um "tempo mais conveniente". O entendimento superficial das pessoas de boa vontade é mais frustrante do que o absoluto equívoco das pessoas de má vontade. A aceitação morna é muito mais desconcertante do que a rejeição total.

Eu tinha esperado que o branco moderado fosse entender que a lei e a ordem existem com o propósito de estabelecer justiça e que, quando falha nesse propósito, tornam-se as barragens perigosamente estruturadas que bloqueiam o fluxo do progresso social. Tinha esperado que o branco moderado entendesse que a presente tensão no Sul é uma fase de transição necessária de uma paz negativa e desagradável, em que o negro aceitou passivamente sua condição injusta, para uma paz substantiva e positiva, na qual todo o homem respeitará a dignidade e o valor da personalidade humana. Na verdade, nós que nos engajamos na ação direta não violenta não somos os criadores da tensão. Nós apenas trazemos para a superfície a tensão escondida que já está viva. Deixamos isso à mostra, onde pode ser vista e tratada. Como um furúnculo que nunca pode ser curado enquanto estiver coberto, mas que deve ser aberto com toda a sua feiura aos remédios naturais da luz e do ar, assim a injustiça deve ser exposta, com toda a tensão que sua exposição cria à luz da consciência humana e do ar da opinião nacional antes que possa ser curada.

Em sua declaração, os senhores afirmam que nossas ações, apesar de pacíficas, devem ser condenadas porque incitam a violência. Mas essa é uma afirmação lógica? Isso não é como condenar um homem que foi assaltado porque o fato de ele possuir dinheiro incitou o ato cruel do assalto? Isso não é como condenar Sócrates porque seu compromisso inabalável com a verdade e seus questionamentos filosóficos incitaram o ato da população equivocada em que o fizeram beber cicuta? Isso não é como condenar Jesus porque, pela sua consciência única de Deus e sua eterna devoção à vontade do Pai, incitaram o ato maligno da crucificação? Devemos ver que, como as cortes federais têm afirmado consistentemente, é errado pedir a um indivíduo que cesse seus esforços para obter seus direitos constitucionais básicos, porque a busca pode incitar a violência. A sociedade deve proteger o roubado e punir o ladrão.

Eu também esperava que os brancos moderados rejeitassem o mito do tempo em relação à luta pela liberdade. Acabei de receber uma carta de um irmão branco no Texas. Ele escreve: "Todos os cristãos sabem que as pessoas de cor receberão os direitos iguais eventualmente, mas é possível que o senhor esteja com muita pressa religiosa. O cristianismo levou quase dois mil anos para realizar o que fez. Os ensinamentos de Cristo levam tempo para vir à Terra". Tal atitude deriva de uma concepção trágica do tempo, da noção estranhamente irracional de que há algo no seu próprio fluxo que inevitavelmente irá curar todos os males. Na verdade, o próprio tempo é neutro; pode ser usado tanto destrutivamente quanto construtivamente. Cada vez mais sinto que as pessoas doentes têm usado seu tempo com muito mais eficácia do que as

CARTAS DE UMA CADEIA EM BIRMINGHAM

pessoas benevolentes. Nesta geração, teremos que nos arrepender não apenas pelas palavras e ações odiosas das pessoas más, mas pelo silêncio aterrador das pessoas boas.

O progresso humano nunca caminha pelas rodas da inevitabilidade; ele vê através dos esforços incansáveis de homens dispostos a serem cooperadores de Deus e, sem esse trabalho árduo, o próprio tempo se torna um aliado das forças da estagnação social. Devemos usá-lo de forma criativa, sabendo que está sempre amadurecido para fazer o certo. Agora é o momento de fazer a promessa da democracia se tornar real e transformar nossa elegia nacional pendente em um salmo de fraternidade criativo. Agora é o momento de levantar nossa política nacional da areia movediça de injustiça racial para a rocha sólida da dignidade humana.

Os senhores falam de nossa atividade em Birmingham como extrema. No começo, fiquei um pouco desapontado com os colegas do clero por verem meus esforços não violentos como os de um extremista. Comecei pensando no fato de estar no meio de duas forças opostas na comunidade negra. Uma delas é a força da complacência, composta em parte por negros que estão tão drenados pelo respeito próprio e senso de "falta de identidade" que eles se ajustaram à segregação como resultado de longos anos de opressão; e uma parte de alguns negros da classe média que devido a um grau de segurança acadêmica ou econômica e porque, de certa forma, lucram com a segregação, tornaram-se insensíveis aos problemas das massas.

A outra força é a da amargura e do ódio, e chega perigosamente perto de defender a violência. Ela é expressa em vários grupos negros nacionalistas que estão surgindo em todo o país, sendo o maior e mais conhecido o movimento muçulmano de Elijah Muhammad. Alimentado pela frustração do negro pela contínua existência da discriminação racial, esse movimento é formado por pessoas que perderam a fé na América, que repudiaram o cristianismo completamente e que chegaram à conclusão de que o homem branco é um "diabo" incorrigível.

Tentei ficar entre essas duas forças, dizendo que não precisamos rivalizar nem com o "fazer nada" do complacente nem com o ódio e desespero do negro nacionalista. Pois existe o excelente caminho do amor e do protesto não violento. Sou grato a Deus que, através da influência da igreja negra, o caminho da não violência se tornou uma parte integral de nossa luta.

Se essa filosofia não houvesse surgido, estou convencido de que, no momento, muitas ruas do Sul estariam transbordando com sangue. E estou ainda mais convencido de que se nossos irmãos brancos desconsideraram aqueles de nós que empregam a ação direta não violenta como "agitadores" e "agitadores externos", e se eles se recusarem a apoiar nossos esforços não violentos, milhões de negros buscarão consolo e segurança nas ideologias nacionalistas negras, por frustração e desespero — um desenvolvimento que inevitavelmente levaria a um pesadelo racial assustador.

Pessoas oprimidas não podem permanecer oprimidas para sempre. O anseio pela liberdade eventualmente se manifesta por si mesmo, e isso é o que tem acontecido com o negro americano.

Algo dentro dele o lembrou de seu direito à liberdade, e algo sem recordou-lhe que isso pode ser obtido. Consciente ou inconscientemente, ele foi apanhado pelo *Zeitgeist**, o sinal dos tempos, e junto com seus irmãos negros da África e com seus irmãos marrons e amarelos da Ásia, América do Sul e do Caribe, os Estados Unidos Negro estão se movendo com uma sensação de grande urgência em direção à Terra Prometida da justiça racial. Se alguém reconhece esse impulso vital que envolveu a comunidade negra, então deve entender prontamente porque as manifestações públicas estão acontecendo.

O negro tem muitos ressentimentos reprimidos e frustrações latentes, e deve libertá-los. Então, *deixe*-o marchar, fazer peregrinações de oração até a prefeitura, deixe-o sair em passeios pela liberdade — e tente entender por que ele deve fazer isso. Se suas emoções reprimidas não forem liberadas de maneira não violenta, elas buscarão se expressar por meio da violência. Isso não é uma ameaça, mas um fato da história.

---

* Termo/conceito em língua alemã que significa "espírito do tempo" ou "espírito de uma época" — ou seja, condicionantes intelectuais, políticos, culturais, sociais etc. de um momento histórico. Embora Hegel não tenha cunhado a expressão, ele é provavelmente o pensador que se valeu melhor da expressão para trabalhar sua ideia de filosofia da história.

CARTAS DE UMA CADEIA EM BIRMINGHAM

Por isso, não disse ao meu povo: "Livrem-se do seu descontentamento". Ao contrário, tentei dizer que esse descontentamento normal e saudável pode ser canalizado para a saída criativa da ação direta não violenta. E agora essa abordagem está sendo denominada de extremista.

Todavia, embora inicialmente tenha ficado desapontado por ter sido categorizado como extremista, enquanto continuava a pensar sobre o assunto, gradualmente ganhei certa satisfação com o rótulo. Jesus não era um extremista pelo amor?: "Ame os seus inimigos, abençoe os que te amaldiçoam, faça o bem para aqueles que te odeiam, e ore por aqueles que te maltratam e te perseguem". O profeta Amós não era um extremista pela justiça?: "Deixe a justiça fluir como as águas e a fidelidade como um rio que flui para sempre". Paulo não era um extremista pelo evangelho cristão?: "Eu carrego em meu corpo as marcas do Senhor Jesus". Martin Luther[51] não era um extremista?: "Aqui estou eu, e não posso fazer outra coisa, então que Deus me ajude". E John Bunyan?[52]: "Eu ficarei preso até o fim dos meus dias antes de fazer uma carnificina da minha consciência". E Abraham Lincoln?: "Esta nação não pode sobreviver metade escrava e metade livre". E Thomas Jefferson?: "Consideramos essas verdades como evidentes, que todos os homens são criados iguais...".

Então a questão não é se seremos extremistas, mas de quais tipos nós os seremos. Seremos extremistas pelo ódio ou pelo amor? Seremos extremistas pela preservação da injustiça ou pela extensão dela? Naquela cena dramática no Monte Calvário, três homens eram crucificados. Não devemos nos esquecer de que os três foram crucificados pelo mesmo crime: o crime do extremismo. Dois eram extremistas da imoralidade e assim ficaram abaixo do seu ambiente. O outro, Jesus Cristo, foi um extremista pelo amor, pela verdade e pela bondade, e, portanto, elevou-se além do seu ambiente. Talvez o Sul, a nação e o mundo estejam em terrível necessidade de extremistas criativos.

Eu esperava que o branco moderado visse essa necessidade. Talvez fosse otimista demais, talvez esperasse demais. Suponho que deveria ter percebido que alguns membros da raça opressora podem entender os gemidos profundos e os anseios apaixonados da raça oprimida, e mesmo assim poucos têm a visão para ver que a injustiça deve ser arrancada pela raiz por uma ação forte, persistente e determinada. Estou grato, no entanto, que alguns dos nossos irmãos brancos no Sul tenham compreendido o significado desta revolução social e se comprometido a ela. Eles ainda são muito poucos em quantidade, mas são grandes em qualidade. Alguns — como Ralph McGill, Lillian Smith, Harry Golden, James McBride Dabbs, Ann Braden e Sarah Patton Boyle — escreveram sobre nossa luta em livros e jornais em termos eloquentes e proféticos. Outros têm marchado conosco pelas ruas sem nome do Sul. Eles têm definhado em prisões imundas e infestadas de baratas, sofrendo o abuso e a brutalidade de policiais que os veem como "amantes sujos de crioulos". Ao contrário de muitos de seus irmãos e irmãs moderados, eles reconheceram a urgência do momento e sentiram a necessidade de poderosos antídotos de ação para combater a doença da segregação.

Deixe-me anotar minha outra grande decepção. Fiquei bastante decepcionado com a igreja branca e sua liderança. Claro, há algumas exceções notáveis. Não sou negligente ao fato de que cada um de vocês tem assumido algumas posições significativas nessa questão. Eu o elogio, reverendo Stallings, por sua posição cristã no domingo passado ao dar as boas-vindas aos negros em seu culto de adoração em uma base não segregada. Eu elogio os líderes católicos desse estado por integrarem a Faculdade Spring Hill há vários anos.

Mas, apesar dessas exceções notáveis, devo reiterar honestamente que fiquei desapontado com a igreja. Não digo isso como aqueles críticos negativos que sempre conseguem achar algo de errado com a igreja. Digo isso como um ministro do evangelho que ama a igreja, que foi nutrido em seu seio, que tem sido sustentado por suas bênçãos espirituais e que permanecerá fiel a ela enquanto o cordão da vida se alongar.

Quando de repente fui catapultado para a liderança do protesto de ônibus em Montgomery, no Alabama, alguns anos atrás, senti que iríamos ser apoiados pela igreja branca. Senti que os ministros brancos, padres e rabinos do Sul iriam estar entre os fortes aliados. Ao invés disso, alguns foram completos opositores, recusando-se a compreender o movimento pela liberdade e deturpando seus líderes; vários outros têm sido muito mais cautelosos do que corajosos e têm permanecido em silêncio por trás das janelas de vitrais.

CARTAS DE UMA CADEIA EM BIRMINGHAM

Apesar dos meus sonhos destroçados, cheguei a Birmingham com a esperança de que a liderança religiosa branca dessa comunidade veria a justiça da nossa causa e, com profunda preocupação moral, iria servir como canal por onde nossas queixas justas poderiam alcançar a estrutura de poder. Tinha a esperança de que cada um de vocês iria compreender. Mas, novamente, fiquei desapontado.

Tenho ouvido numerosos líderes religiosos do Sul admoestarem seus membros a cumprirem uma decisão de dessegregação porque era a lei, mas anseio ouvir os ministros brancos declararem: "Siga este decreto porque a integração é moralmente correta e porque o negro é o seu irmão". Em meio a injustiças ruidosas infligidas ao negro, observei os religiosos brancos permaneceram à margem e falarem irrelevâncias piedosas e trivialidades hipócritas. No meio de uma luta poderosa para livrar nossa nação da injustiça racial e econômica, ouvi muitos ministros dizerem: "Essas são questões sociais com as quais o evangelho não tem uma preocupação real". E tenho visto muitas igrejas se comprometerem com uma religião completamente sobrenatural que faz uma distinção estranha e não bíblica entre o corpo e a alma, entre o sagrado e o secular.

Tenho viajado por cada canto do Alabama, do Mississípi e dos outros estados do Sul. Em dias sufocantes de verão e manhãs frescas de outono, observei as lindas igrejas do Sul com seus altos pináculos apontando para o céu. Contemplei os contornos impressionantes de seus enormes edifícios de educação religiosa. Repetidas vezes, encontrei-me perguntando: "Que tipos de pessoas cultuam aqui? Quem é o Deus deles? Onde estava a voz deles quando os lábios do governador Barnett gotejavam palavras de interposição e anulação? Onde estavam quando o governador Wallace fez um apelo para o desafio e o ódio? Onde estavam suas vozes de apoio quando mulheres e homens negros, machucados e exaustos, decidiram subir das masmorras escuras da complacência para as colinas brilhantes de protestos criativos?".

Sim, essas questões ainda estão em minha mente. Em profunda decepção, chorei pela frouxidão da igreja. Mas tenham a certeza de que minhas lágrimas eram de amor. Não pode haver profundo desapontamento onde não há profundo amor. Sim, eu amo a igreja. Como eu poderia

POR QUE NÃO PODEMOS ESPERAR

fazer o contrário? Estou na posição singular de ser o filho, o neto e o bisneto de pregadores. Sim, eu vejo a igreja como o corpo de Cristo. Mas, oh!, como temos manchado e marcado esse corpo através da negligência social e do medo de sermos inconformistas.

Houve um tempo em que a igreja era muito poderosa — no tempo em que os primeiros cristãos se regozijavam por serem considerados dignos de sofrer por aquilo em que acreditavam. Naqueles dias, a igreja não era apenas um termômetro que registrava as ideias e princípios da opinião popular; ela foi um termostato que transformou os costumes da sociedade. Sempre que os primeiros cristãos entravam em uma cidade, as pessoas no poder ficavam perturbadas e imediatamente procuravam condená-los por serem "perturbadores da paz" e "agitadores externos". Mas os cristãos pressionaram com a convicção de que eram "uma colônia do céu", chamados para obedecer a Deus em vez do homem. Pequenos em número; eram grandes em compromisso. Também eram muito intoxicados por Deus para serem "astronomicamente intimidantes". Por meio de seus esforços e exemplos, eles puseram um fim aos males tão antigos quanto os infanticídios e os gladiadores.

Agora as coisas estão diferentes. Muitas vezes, a igreja contemporânea é uma voz fraca, ineficaz e com um som incerto. Com frequência, é a maior defensora do *status quo.* Longe de ser perturbada pela presença da igreja, a estrutura de poder de uma comunidade mediana é consolidada através da aprovação das coisas como elas são pelo silêncio da igreja — ou até pelo apoio verbalizado.

Mas o julgamento de Deus está sobre o Seu povo como nunca antes. Se a igreja de hoje não retomar o sacrifício espiritual da igreja primitiva, irá perder sua autenticidade, perderá a lealdade de milhões e será destituída como um clube social irrelevante com nenhuma importância para o século XX. Todos os dias, encontro-me com jovens cujo desapontamento com a igreja tornou-se repulsa absoluta.

Talvez eu novamente tenha sido otimista demais. A religião organizada está inextricavelmente ligada ao *status quo* para salvar nossa nação e o mundo? Talvez deva voltar minha fé para a igreja espiritual interior, a igreja dentro da igreja, como a verdadeira *ekklesia*[53] e a esperança do mundo. Mas, novamente, sou grato a Deus que algumas almas

CARTAS DE UMA CADEIA EM BIRMINGHAM

nobres das fileiras da religião organizada se libertaram das correntes paralisantes da conformidade e se juntaram a nós como parceiros ativos na luta pela liberdade. Eles deixaram as suas congregações seguras e andaram conosco pelas ruas de Albany, na Geórgia. Eles desceram as rodovias do Sul em caminhadas tortuosas pela liberdade. Sim, eles foram para a cadeia conosco. Alguns foram destituídos de suas igrejas, perderam o apoio de seus bispos e de companheiros ministros. Mas agiram na fé de que a derrota correta é mais forte do que o triunfo do mal. Seus testemunhos têm sido o sal espiritual que preservou o verdadeiro significado do evangelho nestes tempos conturbados. Eles esculpiram um túnel de esperança através da montanha escura da decepção.

Espero que a igreja como um todo possa enfrentar o desafio desta hora decisiva. Mas mesmo que ela não venha em auxílio da justiça, não me desespero em relação ao futuro. Não tenho medo do resultado de nossa luta em Birmingham, mesmo que nossos motivos sejam mal compreendidos atualmente. Alcançaremos nosso objetivo da liberdade em Birmingham e em todo o país, porque o objetivo da América é a liberdade. Embora possamos ser abusados e desprezados, nosso destino está amarrado ao destino da América. Antes dos peregrinos desembarcarem em Plymouth, nós estávamos aqui. Antes que a caneta de Jefferson gravasse as palavras majestosas da Declaração da Independência nas páginas da história, estávamos aqui. Por mais de dois séculos, nossos antepassados trabalharam neste país sem salários; fizeram o algodão ser o rei das exportações, construíram as casas dos seus senhores enquanto sofriam injustiças grosseiras e humilhações vergonhosas, e, ainda assim, com uma vitalidade sem fundo, continuaram a prosperar e a se desenvolver. Se as crueldades inexprimíveis da escravidão não puderam nos impedir, a oposição que enfrentamos agora certamente fracassará. Nós ganharemos nossa liberdade porque a herança sagrada da nossa nação e a vontade eterna de Deus estão incorporadas em nossas repetidas exigências.

Antes de terminar, sinto-me impelido a mencionar outro ponto em sua declaração que me perturbou profundamente. Os senhores elogiaram calorosamente a força policial de Birmingham por manter a "ordem" e "prevenir a violência". Duvido de que teriam feito isso se tivessem visto

103

os cães da força policial fincando as presas em negros desarmados e não violentos. Duvido que iriam elogiar os policiais tão rapidamente se observassem o tratamento cruel e desumano aos negros aqui na cadeia da cidade; se os vissem empurrando e amaldiçoando crianças e senhoras negras; se os observassem, como fizeram em duas ocasiões, recusando-se a dar-nos comida porque queríamos cantar nossas orações de gratidão juntos. Não posso acompanhá-los em seus elogios ao departamento de polícia de Birmingham.

É verdade que a polícia exerceu um grau de disciplina ao lidar com os manifestantes. Nesse sentido, eles se comportaram de maneira "não violenta" em público. Mas com qual finalidade? Para preservar o sistema maligno de segregação. Ao longo dos últimos anos, tenho pregado constantemente que a não violência exige que os meios que usamos sejam tão puros quanto os fins que buscamos. Tentei deixar claro que é errado usar meios imorais para atingir fins morais. Mas agora devo afirmar que é igualmente errado, ou talvez ainda mais, usar meios morais para preservar a imoralidade. Talvez Connor e seus policiais tenham sido bastante não violentos em público, assim como o chefe Pritchett em Albany, na Geórgia, mas eles usaram os meios morais da não violência para manter o fim imoral da injustiça racial. Como o poeta T.S. Eliot disse: "A última tentação é a maior traição: fazer a ação correta pelo motivo errado".

Gostaria que tivessem elogiado os que se sentavam nos balcões e os manifestantes negros de Birmingham pela sua coragem sublime, sua disposição para o sofrimento e sua disciplina espantosa em meio a uma grande provocação. Um dia o Sul reconhecerá os seus verdadeiros heróis. Eles serão os James Meredith,[54] com o nobre senso de propósito que os capacita a enfrentarem zombarias e multidões hostis, e com a solidão agonizante que caracteriza a vida do pioneiro. Serão mulheres negras idosas, oprimidas e maltratadas, simbolizadas em uma mulher de 72 anos de idade em Montgomery, no Alabama, que se levantou com um senso de dignidade, decidindo com o seu pessoal não andar em ônibus segregados e respondeu com profundidade não gramatical para quem perguntou sobre seu cansaço: "Meus pés estão cansados, mas minha alma está em descanso". Eles serão os jovens estudantes do ensino

CARTAS DE UMA CADEIA EM BIRMINGHAM

médio e da faculdade, os jovens ministros do evangelho e uma multidão de anciãos que de forma corajosa e não violenta, sentam em balcões de almoço e vão para prisão de bom grado pelo bem da consciência. Um dia, o Sul saberá que quando esses filhos deserdados de Deus sentaram-se nos balcões de almoço, eles estavam na realidade levantando-se para o que há de melhor no sonho americano e para os valores mais sagrados de nossa herança judaico-cristã, trazendo assim nossa nação de volta aos grandes poços da democracia que foram escavados profundamente pelos pais fundadores, quando formularam a Constituição e a Declaração de Independência.

Nunca escrevi uma carta tão longa antes. Receio que é longa demais e pode tomar seu tempo precioso. Posso garantir que seria muito mais curta se estivesse escrevendo em uma escrivaninha confortável, mas o que mais se pode fazer quando se está sozinho em uma cela estreita, além de escrever longas cartas, pensar longos pensamentos e orar longas orações?

Se eu disse alguma coisa nesta carta que exagera a verdade e indica uma impaciência irracional, peço-lhes que me perdoe. Se tiver dito qualquer coisa que subestime a verdade e indique que tenho uma paciência que me permite contentar-me com menos do que a fraternidade, imploro a Deus que me perdoe.

Espero que esta carta os encontre fortes na fé. Também espero que as circunstâncias em breve tornem possível que eu conheça cada um de vocês, não como um integracionista ou um líder dos direitos civis, mas como um colega clérigo e um irmão cristão. Vamos todos esperar que as nuvens negras do preconceito racial passem em breve e que a profunda névoa da má compreensão seja levantada de nossas comunidades amedrontadas e que, em alguma amanhã não muito distante, as estrelas radiantes do amor e da fraternidade brilhem sobre nossa grande nação com toda a sua beleza cintilante.

Seu pela causa da Paz e da Fraternidade,
Martin Luther King Jr.

↑ Martin Luther King e sua esposa Coretta Scott King.

Martin Luther King e os líderes da Marcha sobre Washington, entre eles o vice-presidente Johnson e o procurador-geral Kennedy, na Casa Branca em 22 de junho de 1963.

VI

Brancos e negros unidos

Após oito dias de encarceiramento, Ralph Abernathy e eu aceitamos a fiança para sairmos da cadeia por dois propósitos. Era necessário que eu recuperasse a comunicação com os oficiais do SCLC e com os nossos advogados a fim de mapear a estratégia para os casos de desacato que viriam em breve nos tribunais do distrito. Além disso, decidi colocar em operação uma nova fase da nossa campanha, na qual acreditava que aceleraria nossa vitória.

Liguei para minha equipe e repeti a convicção que vinha expressando desde o início da campanha. Se desejávamos ter sucesso, deveríamos envolver os estudantes da comunidade. Nas cruzadas de ação direta recentes, são os jovens quem têm eletrizado o movimento. Contudo, em Birmingham, das quatrocentas ou quinhentas pessoas que se submeteram à prisão, dois terços eram adultos. Na época, consideramos isso uma coisa boa, pois uma campanha realmente eficaz incorpora uma seção transversal da comunidade. Mas agora era a hora de recrutar os jovens em maior número. Mesmo percebendo que envolver adolescentes e estudantes do ensino médio nos traria uma grande quantidade de críticas pesadas, achamos que precisávamos dessa nova dimensão dramática. Nosso povo estava se manifestando diariamente e indo para a cadeia em grande quantidade, mas ainda estávamos batendo a cabeça contra a parede de tijolos da determinação teimosa das autoridades da

BRANCOS E NEGROS UNIDOS

cidade de manter o *status quo*. Nossa luta, se vencida, beneficiaria pessoas de todas as idades. Mas, acima de tudo, fomos inspirados com o desejo de dar aos nossos jovens um verdadeiro senso de sua própria participação na liberdade e na justiça. Nós acreditamos que eles teriam a coragem de responder ao nosso chamado.

James Bevel, Andy Young, Bernard Lee e Dorothy Cotton começaram visitando as faculdades e escolas de ensino médio da cidade. Eles convidaram os estudantes a comparecerem, depois das aulas, a reuniões nas igrejas. A novidade se espalhou rapidamente e a resposta dos jovens de Birmingham excedeu nossos sonhos mais apaixonados. Esses jovens participaram de reuniões de massa e sessões de treinamento em grupos de cinquenta e de cem. Ouviram com avidez quando conversamos sobre trazer liberdade para Birmingham, não em algum tempo distante, mas naquele momento. Nós lhes ensinamos sobre a filosofia da não violência. Nós os desafiamos a trazer sua exuberância e sua criatividade juvenil para a dedicação disciplinada ao movimento. Nós os encontramos ansiosos para pertencer e famintos por participar de um esforço social significativo. Olhando para trás, é claro que a introdução das crianças de Birmingham na campanha foi um dos movimentos mais sábios que fizemos. Isso trouxe um novo impacto à cruzada e o ímpeto que precisávamos para vencer a luta.

Imediatamente, é claro, ergueu-se um grito de protesto. Embora a atitude da imprensa nacional tenha mudado consideravelmente até o final de abril, de modo que os principais meios de comunicação estavam nos apoiando de maneira simpática, ainda assim muitos lamentavam o fato de "usarmos" nossos filhos dessa maneira. Onde esses escritores estiveram, nos perguntamos, durante os séculos em que nosso sistema social segregado estava fazendo mal uso e abusando de crianças negras? Onde eles tinham estado com suas palavras protetoras quando, ao longo dos anos, crianças negras nasceram em guetos, dando seu primeiro fôlego de vida em uma atmosfera social em que o ar fresco da liberdade era empurrado para fora pelo fedor da discriminação?

As próprias crianças tinham a resposta para as simpatias equivocadas da imprensa. Uma das respostas mais emocionantes veio de uma criança que não devia ter mais de oito anos e que caminhava com a mãe em um dia de manifestação. Um policial zombeteiro inclinou-se para ela e disse com impaciência:

— O que você quer?

A criança olhou sem medo em seus olhos e lhe deu a resposta:

— Liberdade.

Ela não poderia nem pronunciar a palavra direito, mas nenhuma trombeta de Gabriel poderia ter soado uma nota mais verdadeira.

Até mesmo as crianças jovens demais para marchar pediram e ganharam um lugar em nossas fileiras. Uma vez, quando enviamos uma chamada por voluntários, seis pequenos jovens responderam. Andy Young lhes disse que não tinham idade para ir para a cadeia, mas que poderiam ir para a biblioteca. "Vocês não serão presos lá, mas poderão aprender alguma coisa", ele disse. Então, essas seis crianças pequenas marcharam para o prédio do distrito branco onde, até duas semanas antes, eles teriam sido expulsos na entrada. Tímidos, mas obstinados, foram até o cômodo das crianças, se sentaram, e logo se perderam em seus livros. À sua maneira, eles deram um golpe pela liberdade.

As crianças entenderam os riscos pelos quais estavam lutando. Penso em um adolescente, cuja devoção do pai ao movimento azedou quando soube que o filho se comprometera a se tornar um manifestante. O pai proibiu o filho de participar.

— Papai — o menino disse —, não quero desobedecer ao senhor, mas fiz o meu juramento. Se tentar me manter em casa, vou fugir. Se o senhor pensa que mereço ser castigado por isso, simplesmente terei que aceitar. Pois, veja bem, não estou fazendo isso só porque quero ser livre. Também estou fazendo isso porque quero liberdade para o senhor e para a mamãe, e quero que isso aconteça antes que vocês morram.

Aquele pai pensou novamente e deu a benção ao filho.

O movimento foi abençoado pelo fogo e empolgação trazidos por jovens como esses. E quando os jovens de Birmingham se juntaram à marcha em números, aconteceu uma coisa histórica. Pela primeira vez no movimento pelos direitos civis, conseguimos pôr em prática o princípio de Gandhi: "Encham as cadeias".

Jim Bevel teve a inspiração de marcar um dia "D", quando os estudantes iriam para a cadeia em números históricos. Quando esse dia chegou, jovens convergiram em ondas para a Igreja Batista da Rua 16a. Ao todo, no dia 2 de maio, o dia "D", mais de mil jovens fizeram a manifestação e foram para a cadeia. Em uma escola, o diretor deu ordens para trancar os portões a fim de impedir a saída dos alunos. Os jovens subiram pelos portões e correram em direção à liberdade. O superintendente adjunto das escolas os havia ameaçado com expulsão e ainda assim eles vieram, dia após dia. No auge da campanha, segundo estimativas conservadoras, havia 2.500 manifestantes presos de uma só vez, e uma grande proporção deles eram jovens.

Por mais que esses adolescentes estivessem sérios no que estavam fazendo, eles tinham aquele humor maravilhoso que arma os desarmados diante do perigo. Sob seus líderes, eles se deliciaram em confundir a polícia. Um pequeno grupo que servia como isca se reunia em uma saída da igreja, atraindo os policiais em carros e motos. Antes que os policiais soubessem o que estava acontecendo, outros grupos apareciam de outras saídas e se moviam, de dois em dois, em direção ao nosso objetivo na seção central.

Muitos chegavam aos seus destinos antes que a polícia pudesse confrontá-los e prendê-los. Eles cantavam enquanto marchavam e enquanto eram empurrados para as vans policiais. A polícia ficou sem vans e teve que nos espremer em carros do xerife e em ônibus escolares que se tornaram de serviço.

Observando aqueles jovens em Birmingham, não pude deixar de lembrar um episódio em Montgomery durante o boicote dos ônibus. Alguém perguntou a uma senhora idosa por que ela estava envolvida em nossa luta. Ela respondeu: "Estou fazendo isso por meus filhos e por meus netos". Sete anos depois, os filhos e os netos estavam fazendo isso por si mesmos.

II

Com os presídios se enchendo e o brilho escaldante da desaprovação nacional concentrado em Birmingham, Bull Connor abandonou sua postura de não violência. O resultado foi um horror muito conhecido pelos americanos e pelas pessoas de todo o mundo. Os jornais de 4 de maio publicaram fotos de mulheres prostradas e policiais curvando-se sobre elas com porretes erguidos; outras de crianças marchando em direção às presas dos cães policiais; também a terrível força das mangueiras de pressão que varreram os corpos das ruas.

Esse foi um tempo de grande estresse, mas a coragem e a convicção daqueles estudantes e adultos tornaram esse o nosso melhor momento. Não revidamos, mas não fugimos. Não nos rendemos à amargura. Alguns poucos espectadores, que não haviam sido treinados na disciplina da não violência, reagiram à brutalidade dos policiais atirando pedras e garrafas. Mas os manifestantes permaneceram não violentos. Diante dessa resolução e bravura, a consciência moral da nação foi mexida profundamente, e, ao redor de todo o país, nossa luta tornou-se de todos os americanos decentes de todas as raças e credos.

A indignação moral que estava se espalhando pela nação; a simpatia criada pelas crianças; o crescente envolvimento da comunidade negra — todos esses fatores estavam se misturando para criar certa atmosfera dentro do nosso movimento. Era um orgulho em progresso e a convicção de que iríamos vencer. Era um suporte de otimismo que nos deu o sentimento de que as barreiras implacáveis que nos confrontaram estavam condenadas e que já começavam a ruir. Fomos informados, com extrema confiança, que a estrutura de negócios dos brancos estava enfraquecendo sob a publicidade adversa, a pressão do nosso boicote e a uma queda paralela da compra dos brancos.

Estranhamente, as massas de cidadãos brancos de Birmingham não estavam nos combatendo. Este foi um dos aspectos mais impressionantes da cruzada de Birmingham. Somente há aproximadamente um ano, se tivéssemos começado uma campanha dessas, Bull Connor teria seu trabalho feito por cidadãos brancos irados e assassinos. Agora, no entanto, a maioria deles mantinha uma estrita política de lavar as mãos. Não pretendo insinuar que estavam de acordo com a nossa causa ou que boicotaram lojas porque nós o fizemos. Simplesmente sugiro que mudar atitudes no Sul, onde a maioria dos cidadãos brancos de Birmingham permaneceu neutra durante nossa campanha, é poderosamente simbólico. Essa neutralidade acrescentou força ao nosso sentimento de que estávamos no caminho da vitória.

Em uma ocasião dramática, até os homens de Bull Connor ficaram abalados. Era um domingo à tarde, quando centenas de negros de Birmingham tinham planejado fazer uma reunião de oração próxima à prisão da cidade. Eles se reuniram na Igreja Batista New Pilgrim e começaram a marchar ordenadamente. Bull Connor ordenou que usassem os cães policiais e as mangueiras de incêndio. Quando os manifestantes chegaram à fronteira entre as áreas brancas e negras, Connor ordenou que retornassem. O reverendo Charles Billups,[55] que liderava a marcha, recusou-se educadamente. Enfurecido, Bull Connor virou para seus homens e gritou:

— Maldição. Liguem as mangueiras.

O que aconteceu nos próximos trinta segundos foi um dos eventos mais fantásticos na história de Birmingham. Os homens de Bull Connor e suas mangueiras mortais prontas para a ação ficaram de frente para os manifestantes. Os manifestantes, muitos deles de joelhos, olhavam para trás, sem medo e imóveis. Lentamente, os negros se levantaram e começaram a avançar. Os homens de Connor, como se estivessem hipnotizados, recuaram com as mangueiras perdendo a firmeza inutilmente em suas mãos enquanto centenas de negros passaram por eles, sem qualquer outra interferência, e fizeram sua reunião de oração como planejado.

Mais um fator ajudou a nos encorajar na crença de que nossos objetivos estavam dentro do alcance. Nós nos manifestamos em desafio a uma injunção civil. Por esse ato de desobediência, fomos acusados de desacato. Em Alabama, se você é acusado de desacato criminal, você é preso por cinco dias e está resolvido. Todavia, se você é acusado de um desacato civil, figurativamente, você segura as chaves da cadeia na palma das mãos. Se estiver disposto a se retratar, a qualquer momento poderá ganhar a libertação. Se você não se retratar, poderá ficar preso pelo resto de sua vida.

A maioria dos manifestantes tem sido acusada por desacato criminal. Contudo, cerca de dez de nós, todos líderes do movimento, têm sido acusados por desacato civil. Quando fomos presos sob essas acusações pela primeira vez, eu tinha certeza de que as autoridades de Birmingham acreditavam que iríamos preferir desistir a enfrentar a ameaça de encarceramento indefinido. Mas no momento em que aparecemos no tribunal para responder àquelas acusações, no final de abril, toda a Birmingham sabia que nunca iríamos nos retratar, mesmo se tivéssemos que apodrecer nas cadeias. A cidade, portanto, enfrentou a perspectiva de nos colocar na cadeia pelo resto de nossas vidas. Confrontado pelo conhecimento de que não iríamos ceder, o procurador da cidade, sem dúvidas, percebeu que estaria nos sentenciando a um martírio que eventualmente iria virar toda a força da opinião pública nacional contra Birmingham.

Abruptamente, as táticas foram invertidas. A acusação de desacato civil foi alterada para uma acusação menos rigorosa de desacato criminal, sob a qual estávamos rapidamente condenados em 26 de abril. Além disso, o juiz anunciou que iria adiar a sentença e nos dar cerca de vinte dias para apresentarmos um recurso. A essa altura, não havia muita dúvida de que os bastiões da segregação de Birmingham estavam enfraquecendo.

III

Durante a campanha, havíamos procurado estabelecer algum diálogo com os líderes da cidade em um esforço para negociar os quatro maiores problemas:

BRANCOS E NEGROS UNIDOS

1. A dessegregação de balcões de almoço, banheiros, provadores e bebedouros em diversas lojas de departamentos.
2. A contratação e a promoção de negros em uma base não discriminatória em toda a comunidade empresarial e industrial de Birmingham.
3. A retirada de todas as acusações contra os manifestantes presos.
4. A criação de um comitê birracial para trabalhar em um cronograma a fim de dessegregar outras áreas da vida em Birmingham.

Apesar da pressão nos negócios de Birmingham ser intensa, ainda havia homens teimosos que pareciam sentir que prefeririam ver seus empreendimentos falirem a sentarem-se do outro lado da mesa e negociar com a nossa liderança. No entanto, quando a imprensa nacional começou a pressionar a Casa Branca, em paralelo com o infame 3 de maio, a administração foi forçada a agir. No dia 4 de maio, o procurador-geral enviou Burke Marshall, seu principal assistente de direitos civis, e Joseph F. Dolan, vice-procurador-geral adjunto, para buscarem uma trégua na tensa situação racial. Embora Marshall não tivesse poder final para impor uma solução, tinha total autoridade para representar o presidente nas negociações. Foi uma das primeiras vezes que o governo federal assumiu um papel tão ativo em tais circunstâncias.

Devo confessar que apesar de apreciar o fato de que essa administração finalmente tinha dado um passo decisivo, tinha algumas dúvidas iniciais sobre as intenções de Marshall. Eu temia que tivesse vindo pedir um período de "descanso" — pedir-nos que declarássemos uma trégua unilateral como condição para as negociações. Para seu crédito, Marshall não adotou tal posição. Em vez disso, fez um trabalho inestimável de abrir os canais de comunicação entre nossa liderança e as principais pessoas na estrutura de poder econômico. Um defensor ferrenho da segregação disse, depois de conversar com Marshall: "Aí há um homem que ouve. Eu também tive que ouvi-lo, e acho que amadureci um pouco".

Com Burke Marshall como catalisador, começamos a realizar reuniões secretas com o Comitê para Idosos. Nessas sessões, apesar de pouco promissoras no início, lançamos as bases para o acordo que acabaria nos dando todas as nossas maiores demandas.

Entretanto, durante vários dias, a violência varreu as ruas de Birmingham. Um carro blindado foi adicionado ao estranho armamento de Bull Connor. Alguns negros não treinados em nossos métodos não violentos responderam novamente com tijolos e garrafas. Em um desses dias, quando a pressão nas mangueiras de Connor era tão alta que arrancava a casca das árvores, Fred Shuttlesworth foi arremessado por uma explosão de água contra a lateral de um prédio. Com ferimentos no peito, ele foi levado em uma ambulância. Quando informado, Connor respondeu de maneira característica: "Gostaria que ele tivesse sido levado em um carro funerário". Felizmente, Shuttlesworth é resiliente e, embora ainda com dores, voltou à mesa de conferências no dia seguinte.

Aterrorizada pela destruição causada por seus próprios atos, a polícia municipal pediu que tropas estaduais fossem trazidas para a área. Muitos líderes brancos perceberam que algo deveria ser feito. Mesmo assim, ainda havia entre eles aqueles que eram inflexíveis. Mas ocorreria outro incidente que transformaria a resistência em boa-fé. Na terça-feira, 7 de maio, o Comitê para Idosos se reuniu em um prédio no centro da cidade para discutir nossas demandas. Nas primeiras horas dessa reunião, eles foram tão intransigentes que Burke Marshall desanimou de um acordo. A atmosfera estava carregada de tensão e os ânimos estavam exaltados.

Os 125 líderes de negócios deram uma pausa para almoço nesse estado de espírito. Enquanto caminhavam pela rua, deram de cara com uma visão extraordinária. Naquele dia, milhares de negros haviam marchado pela cidade. As prisões estavam tão cheias que a polícia só conseguiu prender um punhado. Havia negros nas calçadas, nas ruas, em pé, sentados nos corredores das lojas do centro. Havia quarteirões lotados de negros, um verdadeiro mar de rostos negros. Eles não estavam cometendo violência; estavam apenas presentes e cantando. O centro de Birmingham ecoou para as tensões das canções de liberdade.

Surpreendidos, aqueles homens de negócios, figuras-chave de uma grande cidade, perceberam de repente que o movimento não poderia ser detido. Quando voltaram — do almoço que não conseguiram obter — um dos homens que faziam oposição mais determinada,

BRANCOS E NEGROS UNIDOS

pigarreou e disse: "Sabe, estou pensando nisso. Nós devemos ser capazes de resolver alguma coisa".

Essa admissão marcou o começo do fim. No final daquela tarde, Burke Marshall nos informou que representantes das comunidades de empresários e indústrias queriam se encontrar imediatamente com os líderes do movimento para trabalharem em um acordo. Depois de conversar com esses homens por três horas, ficamos convencidos de que eles estavam negociando em boa-fé. Com base nessa garantia, convocamos uma trégua de vinte e quatro horas na quarta-feira de manhã.

Naquele dia, o presidente dedicou toda a declaração de abertura em sua coletiva de imprensa à situação de Birmingham, expressando incentivo à existência de um diálogo entre os lados opostos e enfatizando como era vital que os problemas fossem enfrentados e resolvidos de forma direta. Enquanto o presidente falava, a trégua foi brevemente ameaçada, assim que Ralph e eu fomos presos repentinamente por uma acusação velha. Alguns dos meus companheiros, sentindo que tinham sido traídos novamente, colocaram os sapatos e se prepararam para marchar. Contudo, foram contidos, pois fomos liberados sob fiança com rapidez e as negociações foram retomadas.

Depois de conversarmos toda a noite de quarta-feira e praticamente todo o dia e a noite de quinta-feira, chegamos a um acordo. Na sexta-feira, dia 10 de maio, ele foi anunciado e continha as seguintes promessas:

1. A dessegregação dos balcões de almoço, banheiros, provadores e bebedouros em etapas planejadas dentro de noventa dias após a assinatura.

2. A contratação e a promoção de negros em uma base não discriminatória em toda a comunidade industrial de Birmingham, incluindo a contratação de negros como balconistas e vendedores dentro de sessenta dias após a assinatura do acordo — e a nomeação imediata de um comitê de líderes empresariais, industriais e profissionais para implementar um programa amplo para a aceleração da contratação e modernização dos negros em categorias de serviços que anteriormente eram negadas a eles.

POR QUE NÃO PODEMOS ESPERAR

3.   Cooperação oficial com os representantes legais do movimento para executar a libertação de todas as pessoas encarceradas sob fiança ou em seu reconhecimento pessoal.

4.   Através do Comitê dos Idosos ou da Câmara de Comércio, as comunicações entre os negros e os brancos serão estabelecidas publicamente dentro de duas semanas após a assinatura, a fim de evitar a necessidade de novas manifestações e protestos.

Nossos problemas não haviam acabado. O anúncio de que um pacto de paz havia sido assinado em Birmingham atravessou o mundo através de aproximadamente cem correspondentes estrangeiros cobrindo a campanha na cena lotada. Foi a principal manchete na imprensa do país e foi anunciado nas redes de televisão. Forças segregacionistas dentro da cidade foram consumidas pela fúria. Eles prometeram represálias contra os empresários brancos que os haviam "traído", rendendo-se à causa da igualdade negra. No sábado à noite, deram sua resposta brutal ao pacto. Após uma reunião da Ku Klux Klan na periferia da cidade, a casa do meu irmão, o reverendo A.D. King, foi bombardeada. Naquela mesma noite, uma bomba foi colocada perto do Motel Gaston e estava posicionada de modo a matar ou ferir gravemente qualquer um que pudesse estar no quarto 30 — o meu quarto. Evidentemente, os aspirantes a assassinos não sabiam que eu estava em Atlanta naquela noite.

O bombardeio foi bem cronometrado. Os bares do bairro negro fecham à meia-noite e as bombas explodiram quando alguns dos clientes de sábado à noite de Birmingham saíam dos bares. Milhares de negros foram para as ruas. Wyatt Walker, meu irmão e vários outros pediram que voltassem para casa, mas não estavam sob a disciplina do movimento e não estavam dispostos a ouvir os conselhos de paz. A luta começou. Pedras foram atiradas contra a polícia. Carros foram destruídos e incêndios iniciados. Quem quer que tenha plantado as bombas queria que os negros se rebelassem. Eles queriam que o pacto fosse derrotado.

A polícia estatal do governador George Wallace e os "homens de conservação" isolaram a área do negro e entraram com seus valentões e suas pistolas. Eles bateram em numerosos negros inocentes. Entre seus atos de "cavalheirismo" estava a surra em Anne Walker, a esposa de

Wyatt, quando estava prestes a entrar no quarto do marido parcialmente bombardeado no Motel Gaston. Eles se distinguiram ainda mais ao espancar Wyatt quando estava tentando voltar para casa depois de ver a esposa no hospital.

Nunca esquecerei o telefonema que meu irmão fez para mim em Atlanta naquela noite de sábado violenta. Sua casa acabara de ser destruída. Várias pessoas ficaram feridas no motel. Escutei quando ele descreveu o tumulto em erupção e a catástrofe nas ruas da cidade. Então, enquanto falava, ao fundo ouvi uma explosão de belas canções. Com os pés plantados nos escombros, ameaçados pelo ódio criminoso e violento, os seguidores do movimento cantavam "We Shall Overcome". Maravilhei-me que em um momento de tamanha tragédia, o negro ainda pudesse se expressar com esperança e fé.

Na noite seguinte, um presidente completamente desperto disse à nação que o governo federal não permitiria que extremistas sabotassem um pacto justo e razoável. Ele ordenou que três mil tropas federais se posicionassem perto de Birmingham e se preparou para federalizar a Guarda Nacional do Alabama. Essa ação firme parou os encrenqueiros em seus caminhos.

No entanto, os segregacionistas obstinados iriam tentar destruir a paz mais uma vez. No dia 20 de maio, as manchetes anunciavam que mais de mil alunos que haviam participado das manifestações haviam sido suspensos ou expulsos pelo Conselho de Educação da cidade. Estou convencido de que essa foi outra tentativa de levar a comunidade negra a um movimento imprudente e impulsivo. A conspiração pode ter funcionado; havia algumas pessoas em nossas fileiras que sentiam sinceramente que, em retaliação, todos os estudantes de Birmingham deveriam ficar fora da escola e que as manifestações deveriam ser retomadas.

Na época, eu estava fora da cidade, mas corri de volta para Birmingham para convencer os líderes de que não deveríamos cair na armadilha. Decidimos levar a questão aos tribunais e assim o fizemos através dos auspícios da Defesa Legal da NAACP e do Fundo Educacional. No dia 22 de maio, o juiz do distrito federal local apoiou o Conselho de Educação de Birmingham. Mas, no mesmo dia, o juiz Elbert P. Tuttle, do

POR QUE NÃO PODEMOS ESPERAR

Quinto Circuito do Tribunal de Apelações, não apenas reverteu a decisão do juiz distrital como também condenou veementemente o Conselho de Educação por sua ação. Em um momento em que a nação está tentando resolver o problema da evasão escolar, a decisão do juiz Tuttle indicou que é um ato de irresponsabilidade expulsar os jovens da escola em retaliação por terem se envolvido em ações legalmente permissíveis para alcançar seus direitos constitucionais. Na noite em que essa decisão foi proferida, tivemos uma grande reunião em massa. Foi um momento eufórico, outra vitória na titânica luta.

No dia seguinte, em um pós-escrito apropriado, a Suprema Corte do Alabama decidiu que Eugene "Bull" Connor e seus colegas comissários estavam fora do cargo de uma vez por todas.

IV

Não poderia fechar o relato dos eventos em Birmingham sem notar o tremendo apoio moral e financeiro que choveu sobre nós, vindo de todo o mundo durante as seis semanas de manifestações e nas semanas e meses que se seguiram. Embora estivéssemos tão preocupados com as crises diárias da campanha que não tivemos tempo de enviar um pedido formal de fundos, cartas de encorajamento e doações que variavam de centavos tirados de cofrinhos até cheques de tamanhos impressionantes fluíam para nosso posto de comando localizado no Motel Gaston e em nossa sede em Atlanta.

Um dos desenvolvimentos mais gratificantes foi a demonstração sem precedentes da unidade exibida pela comunidade negra em apoio à nossa cruzada. Vieram ministros negros, líderes dos direitos civis, artistas, atletas famosos e cidadãos comuns de todo o país, prontos para falar em nossas reuniões ou a se juntarem a nós na cadeia. A Defesa Legal da NAACP e o Fundo Educacional vieram em nosso auxílio várias vezes, tanto com dinheiro quanto com talento legal engenhoso. Muitas

BRANCOS E NEGROS UNIDOS

outras organizações e indivíduos contribuíram com presentes inestimáveis de tempo, dinheiro e apoio moral.

A assinatura do acordo foi o clímax de uma longa luta por justiça, liberdade e dignidade humana. O milênio ainda não havia chegado, mas Birmingham deu um passo novo e ousado em direção à igualdade. Hoje, Birmingham ainda não é milagrosamente dessegregada. Ainda há resistência e violência. A última luta de um governador segregacionista ainda suja as páginas dos eventos atuais e ainda é necessário que um presidente atormentado invoque seus mais altos poderes para que uma criança negra possa ir para a escola com uma criança branca em Birmingham. Mas esses fatores servem apenas para enfatizar a verdade que até os segregacionistas sabem: o sistema ao qual se comprometeram está em seu leito de morte. O que é imponderável é a questão do quão caro será o funeral.

Gosto de acreditar que Birmingham um dia se tornará um modelo nas relações raciais do Sul. Gosto de acreditar que os extremos negativos do passado de Birmingham irão se resolver em extremos positivos e utópicos do seu futuro; que os pecados de um ontem sombrio serão redimidos nas realizações de um amanhã brilhante. Tenho essa esperança porque, uma vez em um dia de verão, um sonho se tornou realidade. A cidade de Birmingham descobriu a consciência.

↑ A ativista Rosa Parks, símbolo do movimento dos direitos civis dos negros nos Estados Unidos.

Manifestantes durante as Marchas de Selma a Montgomery, em 1965.

VII

O verão do nosso descontentamento

Há mais de vinte e cinco anos, um dos estados do Sul adotou um novo método de pena de morte. O gás venenoso substituiu a forca. Em seus estágios iniciais, um microfone era colocado dentro da câmara de morte selada para que os cientistas observadores pudessem ouvir as palavras do prisioneiro moribundo e julgar como o ser humano reagiu nessa situação original.

A primeira vítima foi um jovem negro. Conforme a pastilha caiu dentro do contêiner e o gás subiu, vieram essas palavras através do microfone: "Salve-me, Joe Louis. Salve-me, Joe Louis. Salve-me, Joe Louis...".

É desolador o suficiente refletir sobre as últimas palavras de qualquer pessoa que esteja morrendo à força. É ainda mais comovente contemplar as palavras desse menino porque revelam o desamparo, a solidão e o desespero profundo dos negros nesse período. O jovem negro condenado, tateando por alguém que poderia se importar com ele, e teria poder suficiente para resgatá-lo, achou apenas o campeão mundial de boxe na categoria peso-pesado. Joe Louis se importaria, porque era negro. Joe Louis poderia fazer algo, porque era um lutador. Em poucas palavras, o moribundo havia escrito um comentário social. Não Deus, nem o governo, nem os homens brancos de mente caridosa, mas um negro que era o lutador mais experiente do mundo, nesta última extremidade, era a última esperança.

124

O VERÃO DO NOSSO DESCONTENTAMENTO

Menos de três décadas depois, os negros descobriram o espírito de luta, e o poder dentro de cada um. Enfrentando voluntariamente a morte em vários lugares, eles têm confiado em suas próprias fileiras unidas para força e proteção. No verão de 1963, o choro bizarro e ingênuo por Joe Louis foi substituído por um grito poderoso de desafio. O desamparo foi substituído pela confiança conforme centenas de milhares de negros descobriram que a organização, unida à ação direta não violenta, era explosiva, poderosa e socialmente transformadora.

Naquele verão em Birmingham, como se para dramatizar a mudança, outro campeão mundial dos pesos-pesados negro apareceu na cena turbulenta. Floyd Patterson chegou a Birmingham não como salvador, mas porque sentia que pertencia ao seu povo. Em nenhum momento de sua carreira como pugilista, Patterson foi mais campeão do que no dia em que apareceu, longe do seu lar confortável, para dar amor às pessoas simples que estavam envolvidas em outro tipo de combate contundente.

Medir os ganhos do verão fazendo uma contabilidade social — somar os milhares de restaurantes, hotéis, parques e piscinas integrados; totalizar as novas vagas de emprego; listar as cidades onde as bandeiras da vitória agora flutuam — seria contar menos do que a história toda. As dimensões completas da vitória só podem ser encontradas compreendendo a mudança nas mentes de milhões de negros. Um impulso para a liberdade explodiu das profundezas em que o espírito de liberdade foi aprisionado. O negro tornou-se, em sua própria opinião, igual a qualquer homem. No verão de 1963, os negros da América escreveram a proclamação da emancipação para si próprios. Eles sacudiram trezentos anos de escravidão psicológica e disseram: "Podemos nos libertar".

A velha ordem termina, não importa qual prisão permaneça, quando os escravizados enterram dentro de si a psicologia da servidão. Foi o que aconteceu no ano passado nas câmaras invisíveis de milhões de mentes. Este era o campo invisível mais vasto da vitória.

— Estou só imaginando — um executivo de negócios perguntou — ou os negros que vejo pela cidade estão andando um pouco mais eretos hoje?

— Isso faz você se sentir assim — disse um líder organizacional negro. — Finalmente, por Deus, finalmente!

Por centenas de anos, o baixo soluço de um povo oprimido ficou sem ser ouvido por milhões de americanos — a amargura das vidas dos negros ficou remota e sem ser sentida, exceto por alguns poucos sensíveis. O lamento se tornou um grito e então um rugido, e por meses nenhum americano, branco ou negro, foi isolado ou ficou inconsciente. O passo em direção à liberdade aumentou e acelerou em um galope enquanto toda a nação olhava. A América branca foi forçada a encarar os fatos feios da vida quando o negro se lançou na consciência do país e dramatizou suas queixas em mil palcos iluminados brilhantemente. Nenhum período na história americana, exceto a Guerra Civil e a Reconstrução, registra tamanha amplitude e profundidade na vontade do negro de alterar sua vida. Nenhum período registra tantos degelos nos padrões congelados da segregação.

Teria sido agradável relatar que Birmingham estabeleceu-se depois da tempestade, e moveu-se construtivamente para justificar as esperanças dos muitos que desejavam isso bem. Teria sido agradável, mas não seria verdade. Após o cumprimento parcial e relutante de alguns termos do acordo, os cavaleiros noturnos do século XX tiveram mais uma reviravolta sanguinária no palco. Em uma manhã de setembro cheia de horror, eles explodiram as vidas de quatro garotas inocentes que estudavam em suas classes de Escola Dominical. Um policial matou outra criança nas ruas, e jovens brancos cheios de ódio chegaram ao clímax do dia com um homicídio arbitrário de um menino negro que andava de bicicleta inofensivamente.

Esses foram atos terríveis, mas são estranhamente menos terríveis do que a resposta da comunidade branca dominante. Se os humanos esperavam que a liderança local expressasse remorso, eles ficaram desapontados. Se esperavam que uma sensação de expiação acelerasse o ritmo de mudanças construtivas, a esperança estava destinada a morrer uma morte fria. Em vez disso, os pequenos começos de boa vontade pareceram murchar. O Conselho da Cidade foi inflexível e se negou a nomear policiais negros. Os comerciantes deram alguns passos à frente dentro dos termos limitados do acordo, mas o interpretaram o mais estritamente possível. A cidade dessegregou a biblioteca, o campo de golfe e mais tarde as escolas e os edifícios públicos, todos fora do

O VERÃO DO NOSSO DESCONTENTAMENTO

escopo do acordo. No entanto, uma frieza de espírito militava contra o progresso sincero. Talvez a pobreza de consciência da maioria branca foi ilustrada mais claramente no funeral dos mártires infantis. Nenhum funcionário branco compareceu. Nenhum rosto branco podia ser visto, exceto por uma quantidade patética de pastores corajosos. Mais do que crianças foram enterradas naquele dia; honra e decência também foram sepultados.

Algumas poucas vozes brancas falaram corajosamente, mas poucas pessoas ouviram com simpatia. O discurso de Charles Morgan,[56] feito como resultado do bombardeamento na Escola Dominical, foi uma acusação corajosa de culpa coletiva. Como resultado de sua franqueza, Morgan, um advogado proeminente, foi forçado a abandonar sua prática e deixar o estado com sua esposa e família.

Olhando para longe dos líderes políticos, os negros de Birmingham procuraram na indústria um sinal que encorajaria uma ação significativa no espírito do Acordo de Maio. Os líderes das indústrias não somente eram independentes e capazes, mas suas propriedades estavam em grande parte localizadas no Norte. A siderúrgica U.S. Steel não tem que temer os perpetuadores de ódio do Sul. É uma oligarquia econômica de poder gigante não só em Birmingham, mas na nação e no mundo. Depois de meses, seu presidente, Roger Blough, declarou em Nova York que, apesar da preeminência da U.S. Steel em Birmingham, seria impróprio buscar influenciar as políticas comunitárias nas relações raciais. "Cumprimos nossa responsabilidade na área de Birmingham", disse ele. Se a comunidade tivesse promulgado impostos desmedidos, ou decretos que afetassem negativamente a produção, não há dúvidas de que o poder da U.S. Steel teria sido liberado rapidamente para determinar um resultado diferente. Os lucros não foram afetados pela injustiça racial; na verdade, foram beneficiados. Somente as pessoas foram machucadas, e o maior poder individual em Birmingham virou suas costas.

Nesse ponto, muitos observadores começaram a questionar que Birmingham tinha se tornado a batalha de Waterloo da ação direta não violenta. A questão tinha de ser enfrentada mesmo se a resistência branca fosse tão teimosa que todo o heroísmo, ousadia e sacrifício dos negros havia terminado, nas palavras de Eliot: "Não com um estrondo, mas com um gemido".

Cento e setenta e cinco anos atrás, fazendeiros comuns da Nova Inglaterra tentaram manter uma colina contra as tropas inglesas brilhantemente treinadas. Os fazendeiros americanos estavam em desvantagem e em menor número; não tinham treinamento ou disciplina militar, mas quebraram duas acusações britânicas com pura coragem e espírito. Finalmente ficando sem pólvora, eles foram cercados. O exército do rei George conquistou a colina. Mas Bunker Hill se tornou um santuário da Revolução Americana, e nos anos que se seguiram à Revolução, qualquer lugar em que os colonos marchassem, a Batalha de Bunker Hill era uma inspiração para a vitória. A culminante vitória em Yorktown é bem menos lembrada do que a valente resistência nas colinas de Boston.

Em Bunker Hill, a "plebe" tornou-se um exército. Os britânicos conquistaram a colina, mas os colonos conquistaram o respeito próprio e o profundo respeito de seus inimigos. Nos anos seguintes da guerra, os britânicos nunca mais tentaram tomar uma posição fortificada dos americanos. Os vencidos venceram a guerra naquela colina — os vencedores a perderam.

Birmingham foi diferente apenas no sentido de que os negros não recuavam e ganhavam algumas vantagens significativas. A dessegregação dos balcões de almoço, bibliotecas, escolas em uma base simbólica pode parecer uma pequena brecha na enorme fortaleza da injustiça, mas, considerando o poder da fortaleza, foi uma conquista imponente. E Birmingham fez mais que isso. Era um fusível: detonou uma revolução que acabou por conquistar muitas outras vitórias.

Há uma calmaria em Birmingham neste escrito. Minha preferência teria sido retomar as manifestações após os atentados de setembro, e insisti com veemência pela ação militar sem demora. Mas alguns dos que estavam em nosso movimento tinham outras visões. A mais completa unidade era indispensável contra os formidáveis adversários que enfrentamos, então eu cedi. A estrutura de poder de Birmingham ainda tem a oportunidade de cumprir suas promessas voluntariamente. Se vai agir de boa vontade ou somente após as manifestações retornarem, é o

O VERÃO DO NOSSO DESCONTENTAMENTO

branco de Birmingham quem irá determinar. Que finalmente terá de agir, é tão certo quanto o fato de que Bunker Hill hoje é parte dos Estados Unidos da América.

II

Não havia uma equipe geral da Revolução e nenhum plano nacional de operações. Não poderia haver registros confiáveis para computar os ganhos. No entanto, ninguém poderia duvidar que, à medida que o negro deixava 1963 para trás, tinha dado o salto mais longo e rápido em um século.

Nenhuma revolução é executada como um balé. Seus passos e gestos não são projetados nitidamente e executados com precisão. Em nosso movimento, a espontaneidade de seu padrão estava partircularmente em evidência. Injustiça, discriminação e humilhação estavam em todas as esquinas, em todas as cidades do Norte e do Sul. A seleção de cidades alvo foi aleatória. Um novo centro de tempestades se transformava em realidade onde quer que houvesse uma liderança negra criativa, onde quer que a estrutura do poder branco respondesse desajeitada e arrogantemente.

Algumas cidades envolvidas no conflito de maneira nenhuma foram os piores criminosos. Savannah, Atlanta, Nashville estavam bem mais avançadas do que outras comunidades do Sul, mas não foram poupadas. A experiente liderança negra simplesmente decidiu dar um passo mais longo nessas localidades. Em uma série de outras comunidades, os protestos representavam apenas o começo e quando terminavam, apenas uma vitória parcial era conquistada. No entanto, para essas cidades, o começo satisfatório foi uma distância longa do nada.

Todavia, em alguns lugares, a estrutura de poder branco havia congelado dentro da posição. A injustiça não era um mal a ser corrigido, mesmo parcialmente — era uma instituição a ser defendida. Os

129

POR QUE NÃO PODEMOS ESPERAR

segregacionistas organizaram suas legiões de ódio contra o exército não violento. A vergonha da América adquiriu novos nomes de lugares: Oxford, Mississípi — as multidões berram por ataques sanguinários a agentes federais e, antes que a ordem seja restaurada, dois homens estão mortos. Jackson, Mississípi — Medgar Evers, secretário corajoso da NAACP é assassinado em emboscada. Gadsde, Alabama — uma nova e bárbara arma é introduzida para o uso contra os negros: o bastão elétrico para gado. Danville, Virgínia — cidadãos brancos honestos, preocupados que a brutalidade policial é insuficiente para intimidar os negros, começam a usar armas em seus cintos.

Cambridge, Maryland e Rome, na Geórgia, diferenciavam-se entre si em graus de amargura e brutalidade, mas não em atitudes de resistência. De uma perspectiva, todas essas promessas eram derrotas para o movimento. No entanto, de outro ponto de vista havia elementos intangíveis de vitória. Apesar do pior que essas comunidades poderiam infligir, elas não poderiam separar os negros. Seus golpes só serviriam para unir nossas fileiras, endurecer nossa resistência e aproveitar nossos recursos de coragem mais profundos.

Visto em perspectiva, o verão de 1963 foi histórico em parte porque testemunhou a primeira ofensiva lançada pelos negros em uma frente ampla na história. As revoltas de escravos heroicas mas espamódicas e isoladas no Sul antes da guerra fundiram-se, mais de um século depois, num ataque simultâneo e massivo contra a segregação. E as virtudes, por tanto tempo consideradas propriedades exclusivas do branco do Sul — coragem, lealdade e orgulho — passaram para os manifestantes negros no calor das batalhas do verão.

Ao avaliar os eventos do verão, alguns observadores tendem a diminuir a conquista tratando as manifestações como um fim em si mesmas. Em suas mentes, o heroísmo da marcha e o drama do confronto tornaram-se a conquista total. É verdade que esses elementos têm significado, mas ignorar os ganhos concretos e específicos no desmantelamento da estrutura de segregação é como perceber a beleza da chuva, mas deixar de ver que ela enriqueceu o solo. Um movimento social que só move as pessoas é apenas uma revolta. Um movimento que muda tanto as pessoas quanto as instituições é uma revolução.

130

O VERÃO DO NOSSO DESCONTENTAMENTO

O verão de 1963 foi uma revolução porque mudou a face da América. A liberdade era contagiosa. Sua febre queimou em quase mil cidades, e no momento em que havia passado o seu pico, milhares de balcões de almoço, hotéis, parques e outros espaços de acomodações públicas tinham se tornado integrados.

As oportunidades de emprego se abriram para o negro de forma lenta e desigual, embora estes fossem ainda mais impressionantes em suas promessas do que em seus números imediatos. Nas maiores cidades do Norte, uma mudança mais significativa tomou forma nos padrões de emprego. Muitas firmas se viram sob fogo, não porque empregaram negros, mas porque não os empregaram. Acostumados a ignorar a questão, eles foram forçados por uma presença repentina e irresistível a buscarem apressadamente por símbolos de perdão. Um negro bem instruído foi procurado pela indústria pela primeira vez. Muitos negros foram compreensivelmente cínicos quando a porta para a oportunidade lhes foi aberta como se fossem apenas recém-chegados ao planeta. Ainda assim, embora os motivos fossem mistos, os negros poderiam celebrar a lenta retirada da discriminação em outra frente.

O som da explosão em Birmingham chegou até Washington, onde o governo que havia declarado firmemente que a legislação de direitos civis deveria ser arquivada, reorganizou suas prioridades apressadamente e colocou uma forte lei de direitos civis no topo do calendário do Congresso. A tarefa de transformar o projeto em lei ainda está para acontecer conforme escrevo, e a tarefa de adequar os costumes à lei deve vir a seguir. Mas a garantia mais certa de que ambos serão alcançados no final é encontrada na enorme aliança por direitos civis que foi formada no verão de 1963.

POR QUE NÃO PODEMOS ESPERAR

III

Com o sucesso inicial, toda revolução social simultaneamente faz duas coisas: atrai para si novas forças e vigor e, ao mesmo tempo, cristaliza a oposição. Essa revolução se adequou ao padrão. O crescimento positivo do movimento foi espetacular. A simpatia e o apoio de fontes brancas e negras cresceram em proporções geométricas. O número de afiliados da SCLC saltou de 85 para 110. Em uma estimativa conservadora, mais de um milhão de americanos participaram de manifestações de solidariedade em Washington D.C., Nova York, Los Angeles, São Francisco, Cleveland, Chicago e Detroit, para mencionar apenas algumas cidades. Igualmente significativas, embora de expressão menos direta, centenas de organizações nacionais cívicas, religiosas, trabalhistas e profissionais deixaram registradas resoluções de simpatia com o movimento que se desenrolava falando em nome de dezenas de milhões de pessoas. Como tais resoluções haviam sido por tanto tempo expressões meramente arrogantes de eloquência vazia, os negros atacados poderiam ter depreciado seu valor de forma justificada. Todavia, uma nova qualidade enriqueceu essas declarações recentes e deu-lhes um significado dinâmico. Reconhecendo que o movimento agora era predominantemente de ação direta não violenta, pela primera vez especificamente eles pediram aos seus apoiadores que se juntassem aos manifestantes na linha de luta ativa. Isso foi compromisso, não comentário.

Xerifes e policiais se depararam com uma situação completamente nova. Líderes religiosos de renome nacional estavam tomando seus lugares nas celas junto com o negro comum. Sentado no caminhão de polícia entre a negra doméstica e o motorista de caminhão estava a figura ereta do chefe nacional da Igreja Presbiteriana. Sacerdotes católicos e rabinos de congregações judaicas tomaram seu lugar das linhas de frente, enquanto a ética da justiça social do Antigo e do Novo Testamento inflamava com o fogo que uma vez antes havia transformado o mundo.

A oposição cristalizada dos segregacionistas não foi inesperada, mas tínhamos apenas previsto vagamente a resistência que veio de outro bairro. Victor Hugo havia falado dos "loucos moderados" que são o

132

O VERÃO DO NOSSO DESCONTENTAMENTO

"inferno não pavimentado". Os descendentes dos moderados de Hugo apareceram no outono de 1963, carregando cartazes inscritos com a mensagem: Ordem Antes da Justiça.

Em sua maioria, estes moderados se consideravam amigos do movimento pelos direitos civis; certamente não eram de modo algum companheiros morais das forças de segregação e da violência. Contudo, agora estavam lutando contra uma lógica que um movimento anterior, mais passivo, nunca os forçou a questionar. Por muito tempo, tinham aceitado um compromisso simples, fácil de aceitar e de conviver. Eles podiam apoiar mudanças simbólicas e sempre acreditaram que isso tornaria o negro contente. Eles não estavam pedindo que o negro ficasse em seu antigo gueto. Estavam prontos para construir um novo gueto para o negro com uma pequena porta de saída para alguns. Mas o fôlego do novo movimento os congelou. O negro insistia na aplicação em massa da igualdade a empregos, moradia, educação e mobilidade social: buscava uma vida plena para todas as pessoas. Esses moderados haviam se distanciado dos tambores trovejantes, mas no ponto de aplicação em massa, queriam que a corneta soasse uma retirada.

O ressentimento, a impaciência com a militância e a indiferença começaram a superar o entusiasmo anterior. Seria fácil simplesmente denunciar esse estado de espírito ou ignorá-lo, mas compreendê-lo seria uma sabedoria maior. Esses homens e mulheres, apesar de suas hesitações, não são nossos principais inimigos. Eles são nossos obstáculos temporários e aliados potenciais. Eles são evidências de que a Revolução agora está se enraizando de forma esplêndida.

Por muito tempo, a profundidade do racismo na vida americana foi subestimada. A cirurgia para extraí-lo é necessariamente complexa e detalhada. Para começar, é importante tirar um raio-X da nossa história e revelar toda a extensão da doença. As vertentes do preconceito contra o negro estão fortemente feridas em torno do caráter americano. O preconceito foi nutrido pela doutrina da inferioridade racial. No entanto, focar apenas no mito do negro como a "raça inferior" é perder as dimensões mais amplas do mal.

Nossa nação nasceu em genocídio quando abraçou a doutrina de que o americano original, o índio, era uma raça inferior. Mesmo antes

POR QUE NÃO PODEMOS ESPERAR

de haver um grande número de negros em nossos litorais, a cicatriz do ódio racial já havia desfigurado a sociedade colonial. Do século XVI em diante, o sangue fluiu nas batalhas pela supremacia racial. Somos talvez a única nação que tentou exterminar a população indígena como uma política nacional. Mais ainda, elevamos essa experiência trágica em uma nobre cruzada. De fato, não nos permitimos rejeitar a nós mesmos ou sentir remorso por esse episódio vergonhoso. Nossas literaturas, nossos filmes, nosso teatro, nosso folclore exaltam isso.

Nossos filhos ainda são ensinados a respeitar a violência que reduziu um povo de pele vermelha de uma cultura anterior a alguns grupos fragmentados reunidos em reservas empobrecidas. Isso contrasta fortemente com muitas nações ao Sul da fronteira que assimilaram seus índios, respeitaram suas culturas e elevaram muitos deles a altos cargos.

Foi nessa base massiva de racismo que o preconceito em relação ao não branco foi prontamente construído e encontrou rápido crescimento. Essa ideologia racista de longa data corrompeu e diminuiu nossos ideais democráticos. É dessa teia emaranhada de preconceitos que muitos americanos agora procuram se libertar, sem perceber o quão profundamente ela foi tecida em sua consciência.

As raízes são profundas e essa condição, por sua vez, influencia o caráter da Revolução Negra. Nossa história nos ensina que empunhar uma espada contra a superioridade racial não é eficaz. A bravura dos índios empregando lanças e flechas contra as armas de pólvora acabaria por resultar em derrota. Por outro lado, a história também ensina que a submissão não produz resultados aceitáveis. A não resistência apenas reforça o mito de que uma raça é inerentemente inferior a outra. Hoje os negros não estão exercitando a violência nem aceitando a dominação. Eles estão perturbando a tranquilidade da nação até que a existência da injustiça seja reconhecida como uma doença virulenta ameaçando toda a sociedade — até que seja curada. O método da ação direta do negro não é apenas adequado como remédio para a injustiça; sua própria natureza é tal que desafia o mito da inferioridade. Até os mais relutantes são forçados a reconhecer que nenhuma pessoa inferior poderia com sucesso escolher e seguir um curso que envolvesse sacrifício, bravura e habilidades tão extensos.

O VERÃO DO NOSSO DESCONTENTAMENTO

Nós, americanos, há muito aspiramos as glórias da liberdade enquanto nos comprometemos com o preconceito e com a servidão. Hoje, o negro luta por uma América mais excelente e inevitavelmente conquistará a maioria da nação em seu favor, porque nossa herança de liberdade conquistada duramente é, em última análise, mais poderosa do que nossas tradições de crueldade e injustiça.

Há uma resposta convincente para aqueles que argumentam que os negros estão se tornando agressivos demais e que seus métodos estão alienando a população branca dominante. Ela foi revelada na pesquisa realizada pela revista *Newsweek* durante a última parte do verão de 1963. Os pesquisadores entrevistaram uma seção transversal de brancos. O resultado impressionante revelou que a maioria esmagadora era a favor de leis para garantir o direito ao voto, oportunidades de emprego, boas moradias e instalações integradas de viagens para os negros. Essas maiorias foram encontradas tanto no Sul quanto no Norte. Além disso, nas questões de escolas e restaurantes integrados, a mesma grande maioria apareceu no Norte e a votação ficou muito próxima da maioria do Sul.

Emerge a conclusão significativa de que aqueles brancos sem interesse em segregação consideraram aceitáveis exatamente as mudanças que as manifestações não violentas apresentam como suas demandas centrais. Esses objetivos que os negros apresentaram, lutaram e definiram claramente tornaram-se demandas justas e razoáveis para a população branca, tanto do Norte quanto do Sul. Longe de alienar os cidadãos brancos da América, o verão de nosso descontentamento aproximou-os da harmonia com seus cidadãos negros como nunca antes.

IV

Os estrondosos eventos do verão exigiram um clímax apropriado. O reitor dos líderes negros, A. Philip Randolph, cujos dons de imaginação e militância incansável têm dramatizado por décadas a luta pelos

POR QUE NÃO PODEMOS ESPERAR

direitos civis, mais uma vez forneceu a resposta exclusivamente adequada. Ele propôs uma marcha em Washington para unir todas as forças ao longo da extensa frente em uma ação luminosa.

Foi preciso audácia e ousadia para abraçar a ideia. A comunidade negra estava firmemente unida para exigir uma reparação das injustiças, mas estava dividida em táticas. Ela havia demonstrado sua capacidade de se organizar em comunidades locais com habilidade, mas não havia precedentes para uma convocação de abrangência nacional e de tamanho gigantesco. Para complicar a situação, havia inúmeros profetas da destruição que temiam que a menor incidência de violência alienasse o Congresso e destruísse toda a esperança de legislação. Mesmo sem perturbações, eles temiam que o apoio inadequado aos negros revelasse fraquezas que seriam melhores se estivessem ocultas.

O debate sobre a proposta nitidamente polarizou posições. Aqueles com fé nas habilidades, resistência e disciplina do negro acolheram bem o desafio. Do outro lado estavam os amigos tímidos, confusos e incertos, juntamente com aqueles que nunca haviam acreditado na capacidade do negro de organizar algo significativo. A conclusão nunca foi realmente duvidosa, porque o poderoso ímpeto do verão revolucionário havia afastado toda a oposição.

Washington é uma cidade de espetáculos. A cada quatro anos, as imponentes cerimônias de posse presidencial atraem os grandes e poderosos. Reis, primeiros-ministros, heróis e celebridades de todas as descrições são celebrados há mais de 150 anos. Entretanto, em toda a sua história brilhante, Washington nunca havia visto um espetáculo com o tamanho e a grandeza daquele que ocorrera no dia 28 de agosto de 1963. Havia muitos dignatários e muitas celebridades entre as cerca de 250 mil pessoas que viajaram naquele dia para a capital, mas a emoção ativa veio da massa de pessoas comuns que estavam em dignidade majestosa como testemunhas de sua determinação obstinada de alcançar a democracia em seus tempos de vida.

Eles vieram de quase todos os estados da União; vieram em todas as formas de transportes; desistiram do pagamento de um até três dias de trabalho mais o custo do transporte, o que para muitos foi um sacrifício financeiro pesado. Estavam bem-humorados e relaxados, mas

O VERÃO DO NOSSO DESCONTENTAMENTO

disciplinados e atenciosos. Eles aplaudiram generosamente seus líderes, mas os líderes aplaudiram seu público em seus próprios corações. Naquele dia, muitos oradores negros tiveram o respeito pelo próprio povo aprofundado ao sentir a força de sua dedicação. A enorme multidão era o coração vivo e pulsante de um movimento infinitamente nobre. Era um exército sem armas, mas não sem forças. Era um exército no qual ninguém teve que ser convocado. Era branco e negro e de todas as idades. Tinha adeptos de todas as fés, membros de todas as classes, todas as profissões, todos os partidos políticos, unidos por um único ideal. Era um exército de combate, mas ninguém podia confundir que sua arma mais poderosa era o amor.

Um elemento significativo da marcha foi a participação das igrejas brancas. Elas nunca haviam estado tão diretamente envolvidas, de forma plena e entusiástica. Um escritor observou que a marcha "aproximou as três principais religiões mais do que qualquer outra questão na história dos tempos de paz no país". Ela foi oficialmente endossada pelo Conselho Nacional das Igrejas de Cristo nos EUA, a Convenção Batista Americana, a Igreja dos Irmãos, a Igreja Presbiteriana Unida nos EUA e por milhares de congregações e ministros das Igrejas Luteranas e Metodistas. Na Arquidiocese de Nova York, cartas foram lidas em 402 paróquias citando o apelo do Cardeal Spellman e com um apelo adicional do Bispo Auxiliar e Vigário Geral da Arquidiocese, o reverendo John J. Maguire, por uma atividade mais acelerada para a justiça racial. Em Boston, o cardeal Gushing nomeou onze padres como representantes da ocasião. Além disso, o Congresso Judaico Americano, cujo presidente, Dr. Joachim Prinz, foi um dos presidentes do dia e praticamente todas as principais organizações judaicas, religiosas e seculares, também endossaram a Marcha e estiveram fortemente representadas no encontro.

Em um contraste infeliz, o Conselho Nacional da AFL-CIO[57] se recusou a apoiar a marcha e adotou uma posição de neutralidade. Porém, vários sindicatos internacionais declararam seu apoio de forma independente e estavam presentes em números substanciais. Além disso, centenas de sindicatos locais fizeram um grande esforço para participarem da marcha.

POR QUE NÃO PODEMOS ESPERAR

Se alguém tivesse questionado até que ponto as atividades do verão haviam penetrado a consciência da América Branca, a resposta ficaria evidente no tratamento dado por todos os meios de comunicação à Marcha em Washington. Normalmente, as atividades dos negros são objeto de atenção na imprensa somente quando podem levar a algum surto dramático ou possui alguma qualidade bizarra. A Marcha foi a primeira operação negra organizada a qual foi concedido respeito e cobertura proporcionais à sua importância. Os milhões que assistiram pela televisão estavam vendo um evento histórico não apenas por causa do assunto, mas porque estava sendo trazido para suas casas.

Pela primeira vez, milhões de americanos brancos tinham uma visão clara e longa dos negros envolvidos em uma ocupação séria. Pela primeira vez, milhões ouviram as palavras informadas e atenciosas dos porta-vozes negros, de todas as esferas da vida. O estereótipo do negro sofreu um forte golpe. Isso ficou evidente em alguns comentários que refletiram surpresa com a dignidade, a organização e até o vestuário e o espírito amigável dos participantes. Se a imprensa esperava algo parecido com um show de menestréis, uma briga ou uma exibição cômica de roupas estranhas e maneiras mal-educadas, ficaram desapontados. Muito foi dito sobre um diálogo entre negros e brancos. Para alcançar isso genuinamente, é necessário que todos os meios de comunicação abram seus canais como fizeram naquele dia radiante de agosto.

Enquanto a televisão transmitia a imagem desse encontro extraordinário através dos oceanos da fronteira, todos que acreditavam na capacidade do homem em melhorar a si mesmo tinham um momento de inspiração e confiança no futuro da raça humana. E todo americano dedicado poderia se orgulhar de que uma experiência democrática dinâmica, na capital de sua nação, tinha se tornado visível para o mundo.

VIII

Os dias por vir

Cento e cinquenta anos atrás, quando o negro era uma coisa, um bem cujo corpo pertencia ao seu mestre branco, havia certos donos de escravos que trabalhavam em arranjos pelos quais um escravo podia se comprar e assim se tornar um "homem livre". Um jovem empreendedor, que se enamorou por uma escrava amante, trabalhou desesperadamente — nos períodos em que conseguia se afastar de seus trabalhos — e durante anos acumulou capital suficiente para obter sua própria libertação e a de sua prometida. Muitas mães negras, depois de labutarem desde o amanhecer até o pôr do sol, passavam o resto da noite lavando roupas e guardando as pequenas notas e moedas que ganhavam até que, com o passar dos anos, tinham acumulado algumas centenas de dólares. Muitas vezes, elas lutaram e se sacrificaram para comprar não a própria liberdade, mas a de um filho ou filha. Os dólares ganhos duramente eram pagos ao proprietário de escravos em troca de um instrumento legal de alforria que declarava seu portador aliviado da servidão da escravidão física.

À medida que esse movimento cresceu, alguns negros dedicaram suas vidas à compra e libertação de outros. Um servo de Thomas Jefferson trabalhou por cerca de quarenta anos e ganhou dez mil dólares, com os quais conseguiu obter a libertação de 19 seres humanos. Ainda mais tarde, alguns homens brancos dedicados e humanitários fizeram uma cruzada ao público pedindo fundos para resgatar os negros da degradação que seus raptores lhe haviam imposto. Mesmo James Russell Lowell,[58] que se opunha à emancipação compensada, escreveu a um amigo: "Se um homem vem e nos pede para ajudá-lo a comprar sua esposa ou seu filho, o que deveríamos fazer?".

"Ajude-me a comprar a minha mãe" ou "Ajude-me a comprar meu filho" era um apelo comovente. Ele trazia a tortura profunda da alma das pessoas negras para um foco total e chocante para muitos brancos a quem o horror da escravidão era emocionalmente remoto.

Ao nos aproximarmos da emancipação do negro de hoje, todos esses laços traumáticos que ainda o prendem além da escravidão física, a essa nota sombria, a essa história meio esquecida de um sistema que trocou dignidade por dólares, são um doloroso lembrete da capacidade da sociedade de permanecer complacente no meio da injustiça. O americano comum de hoje pode muito bem tremer ao pensar que essas transações de mau gosto eram aceitáveis para os pais de seus avós. Mesmo assim, esse mesmo americano pode não perceber que a indiferença insensível ao sofrimento humano existe até hoje, quando as pessoas que se consideram homens de boa vontade ainda perguntam: "O que o negro está disposto a pagar se dermos a sua liberdade?".

Isso não quer dizer que a sociedade de hoje queira dólares e centavos para garantir ao negro seus direitos. Mas há um terrível paralelo entre a mão estendida e gananciosa de um traficante de escravos que vendeu o negro para si mesmo, e o dedo erguido e admoestador de pessoas que hoje dizem: "O que mais o negro irá esperar se obtiver direitos como escolas integradas, instalações públicas, direito ao voto e melhorias nas moradias? Ele irá, como Oliver Twist, exigir mais?".

O que está implícito aqui é a assombrosa suposição de que a sociedade tem o direito de negociar com o negro a liberdade inerente a ele. Alguns dos liberais mais verbalizantes acreditam ter uma base válida para exigir que, para obter certos direitos, o negro deve pagar por eles com os fundos de paciência e passividade que ele armazenou por tantos anos. O que essas pessoas não percebem é que o gradualismo e a moderação não são a resposta à grande acusação moral a qual, na Revolução de 1963, finalmente chegou ao centro do nosso palco nacional. O que eles não percebem é que não é mais possível ser metade livre do mesmo jeito que não se pode estar meio vivo.

Em certo sentido, o americano bem-intencionado ou mal-intencionado quando pergunta "O que mais o negro desejará?" ou "Quando ele ficará satisfeito?" ou "O que será necessário para que essas manifestações parem?" está pedindo ao negro que compre algo que já lhe pertence em todo o conceito da lei, da justiça e da nossa herança judaico-cristã. Além disso, ele está pedindo ao negro que aceite metade do pão e pague por ela esperando voluntariamente que a outra seja distribuída em migalhas por causa de um inverno de injustiça duro e prolongado. Gostaria de perguntar àquelas pessoas que procuram partilhar conosco os direitos aos quais sempre desfrutaram, se acreditam que os autores da Declaração de Independência pretendiam que a liberdade fosse dividida em parcelas, distribuída em um plano de pagamento concedido. A natureza não criou o nascimento como um processo único? A liberdade não é a negação da servidão? Um não tem que terminar completamente para que o outro comece?

É porque o negro sabe que nenhuma pessoa, assim como nenhuma nação, pode realmente existir meio escrava e meio livre, que bordou em suas bandeiras a significativa palavra AGORA. O negro está dizendo que chegou a hora de nossa nação dar esse passo firme dentro da liberdade — não simplesmente em direção à liberdade — que pagará uma dívida há muito devida aos seus cidadãos de cor. Séculos atrás, a civilização adquiriu o conhecimento certo de que o homem emergiu da barbárie apenas na medida em que reconhecia sua relação com seu semelhante. A civilização, particularmente nos Estados Unidos, há muito tempo possui a riqueza material e os recursos para alimentar, vestir e abrigar todos os seus cidadãos. A civilização dotou o homem da capacidade de organizar mudanças, conceber e implementar planos. É irônico que, por tantos anos, as forças armadas dessa nação, mesmo em tempos de guerra, fossem prisioneiras do sistema sulista de segregação. A convocação militar poderia afastar um homem da esposa e do filho e reorientar, em poucas semanas, todo o seu modo de vida e conduta. Mas não foi até a Segunda Guerra Mundial que o exército começou a conceber que tinha o direito, a obrigação e a capacidade de dizer a um homem branco de uniforme que deveria respeitar a dignidade de um homem negro de uniforme.

Precisamos de um poderoso senso de determinação para banir a marca feia do racismo que cicatrizou a imagem da América. Podemos, é claro, tentar contemporizar, negociar mudanças pequenas e inadequadas e prolongar o cronograma da liberdade, na esperança de que os narcóticos da demora amortecerão a dor do progresso. Podemos tentar, mas certamente iremos falhar. O costume do mundo não nos permitirá o luxo do gradualismo e da procrastinação. Não é apenas imoral, não funcionará. Não funcionará porque os negros sabem que têm o direito de ser livres. Não funcionará porque os negros têm descoberto, na ação direta não violenta, uma força irresistível para impulsionar o que há tanto tempo é um objeto que não pode ser movido. Não funcionará porque retarda o progresso não apenas do negro, mas da nação como um todo.

Tão certo quanto um gradualismo planejado não funcionará, a espontaneidade não planejada também não. Quando a locomotiva da história ribombou ao longo do século XIX e na primeira metade do século XX, ela deixou as massas negras da nação paradas em desespero em terminais sombrios. Eles estavam sem instrução, sem treinamento, mal acomodados e mal alimentados. As conquistas científicas de hoje, particularmente o avanço explosivo da automação, podem ser bênçãos para nossa economia, mas para os negros são uma maldição. Anos atrás, o negro podia se gabar de que 350 mil da sua raça estavam empregados pelas ferrovias. Hoje, menos de 50 mil trabalham na área de transportes. Este é apenas um símbolo do que aconteceu nas minas de carvão, siderúrgicas, casas de embalagens e em todas as indústrias que antigamente empregavam um grande número de negros. O sustento de milhões tem diminuído para uma fração assustadora, porque os empregos não qualificados e semiqualificados que ocupavam desapareceram sob a magia da automação. Hoje uma depressão econômica continua naquela cultura separada de pobreza em que o negro semieducado vive. Lidar com esse desastre abrindo algumas portas para todos e todas as portas para alguns equivale apenas a organizar o caos.

O que é verdade na área do emprego também se aplica à habitação. Não podemos bater nos guetos para filtrar alguns indivíduos representativos, deixando que os outros esperem em barracos e cortiços sombrios. Nem os vastos guetos de muitas cidades podem ser revirados com um único gesto convulsivo, derramando pessoas de todas as variedades em uma única torrente para fluir onde quer que a gravidade social os atraia. Qualquer um desses cursos — gradualismo ou espontaneidade sem direção — geraria turbulência social tanto para os necessitados quanto para os privilegiados.

Soluções não serão fáceis para a situação difícil do negro. Isso não significa que são impossíveis. Faremos progressos se admitirmos livremente que não temos magia, reconhecendo essas complexidades como desafios e não como obstáculos. Faremos progresso se aceitarmos o fato de que quatrocentos anos de pecado não podem ser cancelados em quatro minutos de expiação. Tampouco podemos permitir que os culpados ajustem sua penitência de maneira a visitar outros quatro segundos deliberados à vítima.

II

Recentemente, Roy Wilkins e eu aparecemos no programa de televisão *Meet the Press*. Houve as perguntas usuais sobre o quanto mais o negro quer, mas pareceu haver novas implicações subcorrentes relacionadas à nova força vigorosa de nosso movimento. Sem as complexidades polidas, estávamos de fato sendo questionados se poderiam confiar que nós seguraríamos as marés crescentes de descontentamento, para que aqueles que estivessem no litoral não ficassem muito desconfortáveis pelo bater das ondas. Algumas das perguntas sugeriam que nossa liderança seria julgada de acordo com nossa capacidade de "impedir que o negro fosse longe demais". As citações são minhas, mas acho que a frase reflete o pensamento dos participantes do painel, bem como de muitos outros americanos brancos.

O programa não deu tempo para uma resposta adequada às implicações por trás da pergunta: "O que mais o negro quer?". Quando

POR QUE NÃO PODEMOS ESPERAR

dizemos que o negro quer liberdade e igualdade absoluta e imediata, não na África ou em algum lugar imaginário, mas aqui nesta terra e hoje, a resposta é perturbadoramente concisa para as pessoas que não têm certeza de que desejam acreditar. No entanto, isso é um fato. Os negros não estão mais tolerantes ou interessados em compromissos. A história americana está repleta de compromissos. Por mais esplêndidas que sejam as palavras da Declaração da Independência, há implicações inquietantes no fato de que o fraseado original foi alterado para excluir uma condenação do monarca britânico por seu casamento com a escravidão.

A história americana narra o Compromisso de Missouri, que permitiu a propagação da escravidão para novos estados; o Compromisso Hayes-Tilden, que retirou as tropas federais do Sul e sinalizou o fim da Reconstrução; o Acordo da Suprema Corte em Plessy x Fergunson, que enunciava a ínfame filosofia "separada, mas igual". Essas medidas comprometeram não apenas a liberdade do negro, mas também a integridade da América. No ânimo explosivo que tomou conta do negro em 1963, a palavra "compromisso" é profana e perniciosa. A maioria da liderança dos negros se opõe de maneira inata ao compromisso. Mesmo que isso não fosse verdade, nenhum líder negro hoje poderia desviar a direção do movimento ou seu avanço convincente e inspirador.

Muitos de nossos irmãos brancos interpretaram mal esse fato, porque muitos deles não conseguem interpretar corretamente a natureza da Revolução Negra. Alguns acreditam que é o trabalho de agitadores hábeis que possuem o poder de aumentar ou diminuir as comportas da Revolução conforme a vontade. Tal movimento, manobrável por poucos talentosos, não seria uma revolução genuína. Esta Revolução é genuína porque nasceu do mesmo ventre que sempre dá origem à grandes revoltas sociais — o ventre das condições intoleráveis e situações insuportáveis. Nesse tempo e circunstância, nenhum líder ou conjunto de líderes poderia ter agido como mestre de cerimônias, chicoteando toda uma raça por puro contentamento, ronronando em coragem e ações leoninas. Se esse crédito é para ser dado a um único grupo, pode muito bem ser dado aos segregacionistas que, com seu código insensível e cínico, ajudaram a despertar e inflamar a ira justa do negro. Nesse sentido,

144

OS DIAS POR VIR

lembro-me de algo que o presidente Kennedy me disse na Casa Branca, após a assinatura do Acordo de Birmingham:

— Nosso julgamento a Bull Connor não deve ser muito duro — ele comentou. — Afinal, à sua maneira, esse ano ele tem feito bastante pela legislação dos direitos civis.

Foram as pessoas que moveram seus líderes, não os líderes que moveram as pessoas. É claro, houve generais, como deve haver em qualquer exército. Mas o posto de comando estava nos corações prestes a explodir dos milhões de negros. Quando tais pessoas começam a se mover, criam suas próprias teorias, modelam seus próprios destinos e escolhem os líderes que compartilham dessas filosofias. Um líder que entende esse tipo de mandato sabe que deve estar sensível à raiva, à impaciência, à frustração e à resolução que foi perdida em seu povo. Qualquer líder que tentar reprimir essas emoções certamente será explodido separadamente na consequente explosão.

Vários comentaristas sugeriram que um bando de militantes tomou a ofensiva e que os líderes "sãos e sensíveis" estão sendo levados à ação sem querer, a fim de impedir que o controle seja arrancado de suas mãos. Certamente, existem e continuarão existindo diferenças de opinião entre os líderes negros, relacionadas a certos movimentos táticos específicos. Porém, descrever o significado de eventos recentes, como a tomada de controle por alguns que expulsaram o resto, exagera a importância das diferenças. Os inimigos do progresso racial — e até alguns de seus "amigos", que são "a favor, mas não rápido assim" — se deliciariam em acreditar que há um caos nas fileiras dos direitos civis.

A dura verdade é que a unidade do movimento é uma característica notável de grande importância. O fato de diferentes organizações colocarem graus variados de ênfase em certas abordagens táticas não é indicativo de desunião. Unidade nunca significou uniformidade. Se fosse assim, não seria possível para democratas dedicados como Thomas Jefferson e George Washington, um radical como Thomas Paine e um autocrata como Alexander Hamilton liderarem uma Revolução Americana unificada. Jefferson, Washington, Paine e Hamilton conseguiram colaborar porque a insistência dos colonos de serem livres havia amadurecido em um mandato poderoso. Foi o que aconteceu com a determinação do

145

POR QUE NÃO PODEMOS ESPERAR

negro em se libertar. Quando o clamor por justiça se transforma em uma força palpável, ele se torna irresistível. Esta é uma verdade que a liderança sábia e uma sociedade sensata acabam percebendo.

Na luta atual, há um curso de ação positivo. Não há alternativa, porque conota uma marcha traseira; e o negro, longe de querer retroceder, não está disposto a marcar o tempo. Nesta revolução, nenhum plano de recuar foi escrito. Aqueles que não acelerarem o passo descobrirão que o desfile passou por eles.

Alguém escreveu uma vez: "Quando se está certo, você não pode ser radical demais; quando se está errado, você não pode ser conservador demais". O negro sabe que está certo. Ele não se organizou para conquistar ou obter restos ou escravizar aqueles que o machucaram. Seu objetivo não é capturar o que pertence a outra pessoa. Ele apenas quer e terá o que é honrosamente dele. Quando esses direitos e privilégios há muito tempo retidos são encarados como prêmios que ele busca por ganância impertinente, apenas uma resposta pode vir das profundezas do ser de um negro. Essa resposta pode ser resumida nas sagradas palavras americanas: "Se isso for traição, aproveite o máximo disso".

Quanto mais cedo a nossa sociedade admitir que a Revolução Negra não será uma explosão momentânea pronta para diminuir em breve passividade plácida, mais fácil será o futuro para todos nós.

III

Entre os muitos trabalhos vitais a serem realizados, a nação não apenas deve reajustar radicalmente sua atitude em relação ao negro no presente constrangedor, mas deve incorporar também em seu planejamento alguma consideração compensatória pelas desvantagens que herdou do passado. É impossível criar uma fórmula para o futuro que não leve em conta que a nossa sociedade tem feito algo forte contra o negro por centenas de anos. Como então ele pode ser absorvido no *mainstream* da vida americana se não fizermos algo especial para ele agora, a fim de equilibrar a equação e equipá-lo para competir em uma base justa e igual?

Sempre que essa questão de tratamento compensatório ou preferencial para o negro é levantada, alguns de nossos amigos recuam horrorizados. O negro deve ter a igualdade garantida, eles concordam; mas ele não deveria pedir mais nada. Isso parece razoável na superfície, mas não é realista. Pois é óbvio que, se um homem é inscrito na linha de partida em uma corrida trezentos anos depois de outro homem, o primeiro teria que realizar algum feito impossível a fim de alcançar o seu colega.

Vários anos atrás, o primeiro-ministro Nehru* estava me contando como sua nação lidava com o difícil problema dos intocáveis, um problema que tem relação com o dilema dos negros americanos. O primeiro-ministro admitiu que muitos indianos ainda nutriam um preconceito contra essas pessoas oprimidas por tanto tempo, mas que se tornou impopular exibir esse preconceito sob qualquer forma. Em parte, essa mudança no clima foi criada através da liderança do falecido Mahatma Gandhi, que estabeleceu um exemplo para a nação ao adotar uma intocável como sua filha. Em parte, é o resultado da Constituição indiana, que especifica que a discriminação contra os intocáveis é um crime, punível com prisão.

O governo indiano gasta milhões de rúpias anualmente desenvolvendo habitações e oportunidades de empregos em vilas fortemente habitadas por intocáveis. Mais ainda, o primeiro-ministro disse, se dois candidatos competem para entrar em uma faculdade ou universidade, um deles é intocável e o outro é de uma casta alta, é requerido que a instituição aceite o intocável.

O professor Lawrence Reddick,[59] que estava comigo durante a entrevista, perguntou:

— Mas isso não é discriminação?

— Bem, até pode ser — o primeiro-ministro respondeu. — Mas esse é o nosso modo de reparação por todos os séculos de injustiças que infligimos a essas pessoas.

---

* Primeiro-ministro indiano entre 1947 e 1964.

POR QUE NÃO PODEMOS ESPERAR

A América deve buscar suas próprias maneiras de reparar as injustiças que infligiu a seus cidadãos negros. Não sugiro a expiação só por expiar ou porque há necessidade de autopunição. Sugiro-a como a maneira moral e prática de elevar os padrões do negro a um nível realista.

Ao enfrentar o novo dilema americano, a questão relevante não é: "O que mais os negros querem?", mas: "Como podemos tornar a liberdade real e substancial para nossos cidadãos de cor? Que curso justo garantirá a maior velocidade e perfeição? E como combatemos a oposição e superamos os obstáculos resultantes dos padrões omissos do passado?".

Novos caminhos são necessários para lidar com a questão, porque chegamos a um novo estágio no desenvolvimento de nossa nação e a uma em cada dez pessoas de seu povo. O crescente poder da revolta dos negros e a genuinidade da boa vontade que vem de muitos americanos brancos indicam que o tempo amadureceu para um pensamento e uma ação mais amplos.

O negro de hoje não está lutando por alguns direitos abstratos e vagos, mas por melhorias concretas e imediatas em seu modo de vida. Que bem lhe fará enviar seus filhos para uma escola integrada se a renda da família for insuficiente para comprar as roupas escolares? O que ganhará se for autorizado a se mudar para uma vizinhança integrada se não puder fazê-lo porque está desempregado ou porque tem um emprego mal remunerado e sem futuro? Durante as manifestações nos balcões de almoço em Greensboro, na Carolina do Norte, um restaurante observou que, se os manifestantes tivessem sido servidos, alguns deles não poderiam ter pago pela refeição. Qual é a vantagem que o negro tem em estabelecer que possa ser servido em restaurantes integrados ou alojado em hotéis integrados, se estiver vinculado ao tipo de servidão financeira que não lhe permitirá tirar férias ou até mesmo levar sua esposa para jantar fora? Os negros não devem apenas ter o direito de entrar em qualquer estabelecimento aberto ao público, mas também devem ser absorvidos em nosso sistema econômico de maneira que possam se dar ao luxo de exercer esse direito.

A luta por direitos no fundo é uma luta por oportunidades. Ao pedir algo especial, o negro não está buscando caridade. Ele não quer

148

OS DIAS POR VIR

definhar nos rolos do bem-estar mais do que o próximo homem. Ele não quer receber um emprego ao qual não pode lidar. Contudo, também não quer que lhe digam que não há lugar onde possa ser treinado para lidar com isso. Portanto, com a mesma oportunidade deve surgir a ajuda prática e realista que o equipará para aproveitá-la. Dar um par de sapatos a um homem que não aprendeu a andar é uma brincadeira cruel.

Medidas especiais para os necessitados sempre foram aceitas, em princípio, pelos Estados Unidos. A Liga Urbana Nacional,[60] em uma excelente declaração, ressaltou o fato de que não encontramos nada de estranho sobre o Plano Marshall e a assistência técnica aos povos deficientes em todo o mundo, e sugeriu que não podemos fazer menos pelas nossas próprias multidões deficientes. Ao longo da história, temos aderido a esse princípio. Foi o princípio por trás da concessão de terras aos agricultores que lutaram no Exército Revolucionário. Era inerente ao estabelecimento de leis de trabalho infantil, seguridade social, seguro-desemprego, programas de reciclagem de mão de obra e outras inúmeras medidas que a nação aceitava como lógicas e morais.

Durante a Segunda Guerra Mundial, nossos combatentes foram privados de certas vantagens e oportunidades. Para compensar isso, receberam um pacote de direitos dos veteranos, significativamente chamado de "Declaração de Direitos". As principais características dessa Carta de Direitos do militar incluíam subsídios para o ensino escolar ou universitário, com despesas de subsistência fornecidas durante o período de estudo. Os veteranos recebiam concessões especiais que lhes permitiam comprar casas sem dinheiro, com taxas de juros mais baixas e prazos de pagamentos mais fáceis. Eles poderiam negociar empréstimos de bancos para lançar negócios, usando o governo como endossador de quaisquer perdas. Eles receberam pontos especiais para colocá-los à frente na competição por empregos no serviço civil. Recebiam assistência médica e subsídios financeiros de longo prazo se sua condição física houvesse sido prejudicada por seu serviço militar. Além desses direitos concedidos legalmente, um forte clima social favoreceu o emprego preferencial de veteranos em todas as esferas da vida por muitos anos.

POR QUE NÃO PODEMOS ESPERAR

Dessa forma, a nação estava compensando o veterano por seu tempo perdido na escola, em sua carreira ou em seus negócios. Tal tratamento compensatório foi aprovado pela maioria dos americanos. O negro certamente tem sido privado. Poucas pessoas consideram o fato de que, além de ter sido escravizado por dois séculos, o negro foi, durante todos esses anos, roubado do salário de sua labuta. Nenhuma quantidade de ouro poderia fornecer uma compensação adequada pela exploração e humilhação do negro na América durante os séculos. Nem toda a riqueza dessa sociedade abundante poderia pagar a conta. Mesmo assim, um preço pode ser colocado nos salários não pagos. A antiga lei comum tem sempre providenciado um remédio para a apropriação do trabalho de um ser humano por outro. Essa lei deveria ser aplicada para os negros americanos. O pagamento deveria ser na forma de programas massivos feitos pelo governo com medidas especiais e compensatórias que poderiam ser consideradas como uma decisão de acordo com a prática aceita pelo direito comum. Certamente, tais medidas seriam menos dispendiosas do que qualquer cálculo baseado em dois séculos de salários não pagos e juros acumulados.

Estou propondo, portanto, que da mesma maneira que garantimos uma Carta de Direitos aos veteranos de guerra, os Estados Unidos lancem uma ampla e gigantesca Declaração de Direito para os Desfavorecidos, nossos veteranos do longo cerco à negação.

Tal projeto de lei poderia adaptar quase todas as concessões concedidas ao soldado que retorna, sem impor uma carga indevida à nossa economia. Uma Declaração de Direitos para os Desfavorecidos imediatamente transformaria as condições da vida dos negros. A alteração mais profunda não residiria tanto nas concessões específicas nem nas transformações psicológicas básicas e motivacionais do negro. Eu desafiaria os céticos a fazerem um teste dessa nova e ousada abordagem na próxima década. Afirmo que o declínio na evasão escolar, nas rupturas familiares, nas taxas de criminalidade, na ilegitimidade, no inchaço dos programas assistencialistas, e em outros males sociais desconcertaria a imaginação. A mudança na psicologia humana normalmente é um processo lento, mas é seguro prever que, quando um povo está pronto para a mudança como o negro se mostrou pronto hoje, a resposta está fadada a ser rápida e construtiva.

150

OS DIAS POR VIR

Enquanto os negros formam a grande maioria dos desfavorecidos da América, existem milhões de pobres brancos que também se beneficiariam de tal lei. A justificativa moral para as medidas especiais para negros está enraizada nos roubos inerentes à instituição da escravidão. Muitos brancos pobres, no entanto, foram vítimas derivadas da escravidão. Enquanto o trabalho era banalizado pela servidão involuntária do homem negro, a liberdade do trabalho branco, especialmente no Sul, era um pouco mais do que um mito. Era livre apenas para barganhar a base depressiva imposta pela escravidão para cima de todo o mercado de trabalho. Essa escravidão derivada não terminou quando a escravidão formal deu lugar à discriminação. Até hoje, os pobres brancos também sofrem privação e humilhação de pobreza, se não de cor. Eles estão acorrentados pelo peso da discriminação, embora seu emblema de degradação não os marque. Isso corrompe suas vidas, frustra suas oportunidades e enfraquece sua educação. Em certo sentido, é mais cruel para eles, porque ficou confuso por tantos preconceitos que apoiaram seus próprios opressores.

É uma simples questão de justiça que os Estados Unidos, ao lidarem criativamente com a tarefa de erguer o negro do atraso, também deveriam resgatar um grande estrato dos pobres brancos esquecidos. Uma Declaração de Direitos para os Desfavorecidos poderia marcar o surgimento de uma nova era, na qual os recursos totais da sociedade seriam usados para atacar a pobreza tenaz que tão paradoxalmente existe no meio da abundância.

A nação também terá que encontrar a resposta para o pleno emprego, incluindo uma abordagem mais imaginativa do que já foi concebida para neutralizar os perigos da automação. Hoje, conforme o negro inexperiente e semiqualificado tenta subir a escada da segurança econômica, ele se vê em competição com o homem branco no exato momento em que a automação está eliminando 40 mil empregos por semana. Embora este seja, talvez, o produto inevitável da revolta social e econômica, é uma situação intolerável, e os negros não permitirão o confronto com os trabalhadores brancos para uma oferta cada vez menor de empregos. A expansão energética e criativa das oportunidades de trabalho, tanto nos setores públicos quanto nos privados de nossa economia, é

151

um imperativo digno da nação mais rica do mundo, cuja abundância é um constrangimento enquanto milhões de pobres são aprisionados e constantemente renovados dentro de uma população em expansão.

Além de tal programa econômico, é necessário um aparato social em larga escala. Gerações inteiras foram deixadas para trás enquanto a maioria da população avançava. Essas gerações perdidas nunca aprenderam habilidades sociais básicas em um nível funcional — leitura, escrita e aritmética — de se candidatarem a empregos, de exercerem os direitos de cidadania, inclusive do direito ao voto. Além disso, a pobreza rural e urbana não só prejudicou vidas, mas criou distúrbios emocionais, muitos dos quais encontram expressão em atos antissociais. As vítimas mais trágicas são as crianças, cujos pais empobrecidos, lutando freneticamente todos os dias por comida e por um lugar para morar, não conseguiram criar o lar estável necessário para o crescimento saudável das mentes jovens.

No entanto, as oportunidades e os meios para explorá-las ainda são inadequadas para garantir a igualdade, justiça e decência em nossa vida nacional. Para a legislação, há uma necessidade imperativa de proibir nossos grotescos costumes legais atuais. Nós nos encontramos em uma sociedade em que a lei suprema, a Constituição, torna-se inoperante em vastas áreas da nação. As leis e práticas estaduais, municipais e distritais negam os mandatos constitucionais tão descaradamente como se cada comunidade fosse um ducado medieval independente. No caso em que uma forte legislação de direitos civis esteja escrita nos livros da sessão do Congresso, agora em vigor, e que uma Declaração de Direitos para os Desfavorecidos possa ocorrer, a aplicação da lei ainda encontrará resistência maciça em muitas partes do país.

Nos anos 1930, o país enfrentou um desafio paralelo. Elementos poderosos e antagônicos em todo o país resistiam fortemente aos esforços dos trabalhadores em se organizarem para garantir um salário digno e condições de trabalho decentes. É interessante notar que alguns estados que hoje se opõem ao progresso dos direitos civis foram os mesmos que desafiaram os esforços dos sindicatos durante esse período. Então, nesse momento, a tarefa de penetrar em milhares de comunidades para garantir os direitos de seus cidadãos sobre a oposição

OS DIAS POR VIR

de interesses hostis representava um desafio substancial e complexo ao poder federal.

O governo nacional encontrou um método para resolver esse problema. A Lei Wagner foi escrita, estabelecendo os direitos do trabalhador de se organizar. Foram nomeados conselhos regionais do trabalho, armados com o poder de apurar os fatos, realizar eleições, emitir ordens vinculativas e, através da utilização desses poderes, obrigar o seu cumprimento. É claro que a força de um movimento trabalhista recém-despertado, como uma arma de ataque bem afiada, estimulou a cooperação. O duplo efeito de uma lei abrangente, apoiada por um governo zeloso e pelo poder do trabalho organizado, em poucos anos transformou milhares de cidades conturbadas e contra as leis do trabalho em comunidades ordeiras e sindicalizadas.

Uma lei projetada para operar de acordo com a Lei Wagner pode muito bem ser a resposta para alguns dos problemas da aplicação dos direitos civis durante a próxima década. Recentemente, o senador Harrison Williams, de Nova Jersey, apresentou um projeto de lei ao Senado, incorporando muitas propostas semelhantes. Outros senadores que buscam soluções legislativas devem ser encorajados a considerar medidas nesse sentido.

IV

O padrão da ação futura deve ser examinado não apenas do ponto de vista da força inerente ao movimento pelos direitos civis, mas, simultaneamente, a um estudo da resistência que ainda teremos que enfrentar. Embora possamos celebrar que o movimento dos direitos civis atingiu a maioridade, também devemos reconhecer que a obstinação básica do Sul ainda não foi quebrada. É verdade que foi feito um progresso substancial: é profundamente significativo que uma força financeira e industrial poderosa tenha surgido em algumas regiões do Sul e que está preparada para tolerar a mudança a fim de evitar o caos dispendioso. Esse grupo, por sua vez, permite o surgimento de elementos da classe médica que estão dividindo ainda mais a frente monolítica da segregação. Os grupos da igreja, do trabalho e das relações humanas do Sul hoje articulam sentimentos que somente ontem seriam declarados como traidores na região. Ainda assim, uma força social profundamente arraigada, convencida de que não precisa produzir nada de importância substancial, continua a dominar a vida no Sul. E mesmo no Norte, a vontade de preservar o *status quo* mantém uma dureza semelhante a uma rocha sob a superfície cosmética.

Para garantir que o trabalho da democracia, tão bem iniciado no verão de 1963, avance de forma constante nas próximas estações, o movimento pela liberdade dos negros precisará garantir e estender suas alianças a grupos com pensamentos afins na comunidade em geral. Já no complexo dilema do progresso acelerado e da pobreza insistente, o negro tem emergido como um elemento insatisfeito, vibrante e poderoso, armado com um método para articular e manifestar seu protesto. Seu exemplo não passou despercebido por outros, de todas as raças, que vivem em circunstâncias igualmente desesperadoras. Inevitavelmente, não demorará muito para que uma legião ampla de carentes, brancos e negros se una e reestruture uma ordem antiga baseada, por muito tempo, na injustiça.

No caso do trabalho organizado, uma aliança com o movimento dos direitos civis dos negros não é uma questão de escolha, mas sim uma necessidade. Se eles quase não têm direitos no Sul, o trabalho tem só um pouco mais; se os negros têm influência política inadequada no Congresso, o trabalho dificilmente é melhor; se a automação é uma ameaça para os negros, é igualmente uma ameaça ao trabalho organizado.

A retirada do apoio à Marcha em Washington pelo Conselho Nacional da AFL-CIO foi uma tolice e serviu para fortalecer o sentimento predominante de que para o trabalho organizado, não apenas em âmbito nacional, mas frequentemente também no local, hoje está faltando em estadista, em vigor e em modernidade. Essa ausência é ainda mais notável porque a história do trabalho contém uma riqueza de compreensão em relação a questões raciais. Quando o trabalhador lutou por seu reconhecimento durante os anos trinta e quarenta, e assim se tornou a principal questão dos "direitos civis" da época, os negros desfavorecidos juntaram-se às suas lutas amargas e participaram de todo o sacrifício. Os negros que hoje lutam por seu próprio reconhecimento têm o direito de esperar mais de seus antigos aliados. Nada reteria as forças do progresso na vida americana de maneira mais eficaz do que uma cisão entre o negro e o trabalho organizado.

Outra aliança necessária é com o governo federal. É obrigação do governo mover-se resolutamente para o lado do movimento de liberdade. Neste conflito, há um lado certo e um lado errado e o governo não pertence ao meio.

Sem os recursos do governo federal, a tarefa de alcançar direitos civis práticos deve sobrecarregar a organização voluntária. Geralmente, não se percebe o fardo da decisão judicial, como a da Suprema Corte sobre a dessegregação escolar, que coloca a responsabilidade sobre o indivíduo negro, obrigando-o a apresentar uma petição para obter os seus direitos. Com efeito, os americanos mais empobrecidos, enfrentando adversários poderosamente equipados, são obrigados a financiar e conduzir litígios complexos que podem envolver dezenas de milhares de dólares. Ter moldado soluções para as desigualdades existentes em nossa vida nacional dessa forma era em si, para os segregacionistas, uma concessão. As consequências doentias de tal procedimento estão dificultando o progresso até hoje. Uma solução só pode ser alcançada se o governo assumir a responsabilidade por todos os procedimentos legais, enfrentando a realidade de que os pobres e os desempregados já travam uma luta diária desigual para se manter vivos. Ser forçado a acumular recursos para ações legais impõe dificuldades intoleráveis aos já sobrecarregados.

Talvez o fator mais determinante no papel do governo federal seja o tom definido pelo presidente em suas palavras e ações. Nos últimos anos, encontrei-me e conversei com três presidentes e tornei-me cada vez mais consciente do jogo de seus temperamentos na abordagem dos direitos civis, uma causa que todos os três em princípio adotaram.

Ninguém poderia discutir a justiça racial com o presidente Eisenhower sem sair com emoções contraditórias. Seu ponto de vista sincero sobre o assunto foi pronunciado, e ele tinha uma capacidade magnífica de comunicá-lo aos indivíduos. Todavia, não possuía essa mesma habilidade para traduzi-lo ao público ou para definir o problema como uma questão interna suprema. Sempre senti que ele falhou porque sabia que seus colegas e conselheiros não compartilhavam de suas visões, e não tinha disposição para lutar nem por convicções que amava. Além disso, o presidente Eisenhower não pôde se comprometer com nada que envolvesse uma mudança estrutural na arquitetura da sociedade americana. Seu conservadorismo era fixo e rígido, e qualquer mal que desfigurasse a nação deveria ser extraído pouco a pouco com uma pinça, porque a faca do cirurgião era um instrumento radical demais para tocar na melhor de todas as sociedades possíveis.

O presidente Kennedy era uma personalidade fortemente contrastada. Havia, de fato, dois John Kennedys. Um presidiu nos primeiros anos sob a pressão da incerteza causada por sua pequena margem de vitória. Ele oscilou, tentando sentir a direção que sua liderança poderia percorrer enquanto retinha e construía apoio para sua administração. No entanto, em 1963, um novo Kennedy emergiu. Ele descobrira que a opinião pública não era rígida. O pensamento americano não estava comprometido com o conservadorismo, nem com o radicalismo ou com a moderação. Era, acima de tudo, fluido. Como tal, continha inclinações em vez de linhas duras; e a liderança afirmativa poderia guiá-lo em canais construtivos.

O presidente Kennedy não era chegado a expressões emocionantes de sentimentos. Ele tinha, contudo, uma compreensão profunda da dinâmica e da necessidade de mudança social. Seu trabalho pela amizade internacional foi um esforço ousado em escala mundial. Seu último discurso sobre as relações raciais foi o apelo mais honesto, humano e profundo por compreensão e justiça que qualquer presidente já pronunciou desde os primeiros dias da República. Unindo seu gosto por liderança com um programa de progresso social, na época de sua morte, ele estava passando por uma transformação de um líder hesitante com objetivos inseguros para uma figura forte com objetivos profundamente atraentes.

O assassinato do presidente Kennedy matou não apenas o homem, mas um complexo de ilusões. Ele demoliu o mito de que o ódio

OS DIAS POR VIR

e a violência podem ser confinados em uma câmara impermeável para serem empregados apenas contra uns poucos. De repente, foi revelada a verdade de que o ódio é um contágio, que cresce e se espalha como uma doença e que nenhuma sociedade é tão saudável que possa manter automaticamente sua imunidade. Se uma epidemia de varíola estivesse devastando o Sul, o presidente Kennedy teria sido impelido a evitar a área. Havia uma praga que estava afligindo o Sul, mas seus perigos não foram percebidos.

Tragicamente, os negros conhecem bem o assassinato político. O zunido das balas nas emboscadas e o rugido das bombas muitas vezes quebraram o silêncio da noite na vida dos líderes dos direitos civis dos negros. Eles substituíram o linchamento como uma arma política. Mais de uma década atrás, a súbita morte chegou ao Sr. e Sra. Harry T. Moore, líderes da NAACP na Flórida. O reverendo George Lee, de Belzoni, no Mississípi, foi morto a tiros nos degraus de um tribunal rural. Os atentados se multiplicaram. Medgar Evers em Jackson, no Mississípi; William Moore no Alabama; seis crianças negras em Birmingham — e quem poderia duvidar de que esses assassinatos também eram políticos?

A incapacidade da nossa sociedade de apreender os assassinos tem sido sua negligência imperdoável. É um julgamento duro, mas inegavelmente verdadeiro, que a causa da indiferença era a identidade das vítimas. Quase todos eram negros. E assim a praga se espalhou até reivindicar o americano mais eminente, um presidente amado e respeitado calorosamente. As palavras de Jesus: "Visto que fizeste a um dos meus pequeninos irmãos, o fizeste comigo" eram mais do que uma expressão figurativa; eram uma profecia literal.

Estávamos todos envolvidos na morte de John Kennedy. Nós toleramos o ódio, toleramos o estímulo doentio da violência em todas as esferas da vida; e toleramos a aplicação diferencial da lei que dizia que a vida de um homem apenas era sagrada se concordássemos com as suas opiniões. Isso pode explicar a dor em cascata que inundou o país no final de novembro. Nós pranteamos um homem que se tornou o orgulho da nação, mas também lamentamos porque sabíamos que estávamos doentes.

POR QUE NÃO PODEMOS ESPERAR

Com tristeza e remorso, o povo americano procurou um monumento grande o suficiente para homenagear John Kennedy. Aeroportos, pontes, centros espaciais e rodovias agora levam seu nome. Entretanto, as fundações para o mais majestoso tributo de todos foram estabelecidas imediatamente nos dias após a sua morte. Louis Harris, pesquisando a reação ao assassinato por todo o país, escreveu que "a morte do presidente Kennedy produziu uma mudança profunda no pensamento do povo americano; uma rejeição maciça ao extremismo da direita ou da esquerda acompanhada por um sentimento individual de culpa por não trabalhar mais pela tolerância em relação aos outros". Se o final trágico e prematuro de John Kennedy for capaz de aumentar tanto o sentido de humanidade de todo um povo, isso por si só será um monumento de força duradoura.

Fui abençoado por conhecer Lyndon Johnson durante seu mandato como vice-presidente. Ele não era, na época, um aspirante à presidência, e estava procurando por seu papel sob um homem que não só tinha um mandato de quatro anos para completar, mas também de quem era esperado, confiantemente, o cumprimento de mais um mandato como chefe do Executivo. Portanto, as questões essenciais eram mais fáceis de alcançar e eram límpidas de considerações políticas.

Sua abordagem ao problema dos direitos civis não era idêntica à minha — nem esperava que fosse. No entanto, sua praticidade cuidadosa claramente não deixou de ser uma máscara para esconder a indiferença. Seu envolvimento emocional e intelectual era genuíno e desprovido de adorno. Era conspícuo que estava procurando uma solução para um problema que sabia ser uma grande falha na vida americana. Vim embora com minha convicção reforçada de que uma abordagem indiferente dos sulistas brancos poderia ser um erro grave, fácil demais para os líderes negros no calor da amargura. Mais tarde, era o vice-presidente Johnson que eu tinha em mente quando escrevi no jornal *The Nation* que o Sul branco estava se dividindo, e que o progresso poderia ser promovido através da divisão entre os segregacionistas rígidos e os novos sujeitos brancos cujo amor por sua terra era mais forte do que a aderência a velhos hábitos e costumes.

158

Hoje, as dimensões da liderança de Johnson se espalharam de uma região para uma nação. Suas expressões recentes, públicas e privadas, indicam a existência de uma compreensão abrangente dos problemas contemporâneos. Ele viu que a pobreza e o desemprego são catástrofes graves e crescentes, e está ciente de que aqueles que são pegos nas garras desse holocausto econômico de forma mais feroz são os negros. Portanto, ele estabeleceu o objetivo duplo de uma batalha contra a discriminação na guerra contra a pobreza.

Não tenho dúvidas de que podemos continuar a divergir em relação ao ritmo e ao projeto tático necessários para combater a crise iminente. Mas não duvido de que o presidente esteja se aproximando da solução com sinceridade, com realismo e, até agora, com sabedoria. Espero que seu caminho seja correto e verdadeiro. Farei tudo o que estiver ao meu alcance para fazê-lo, portanto, através de um acordo franco sempre que for apropriado, e oposição determinada sempre que for necessário.

V

Por muitos meses durante a campanha eleitoral de 1960, meus amigos mais próximos insistiram que eu declarasse meu apoio a John Kennedy. Passei muitas horas problemáticas procurando a decisão responsável e justa. Fiquei impressionado com suas qualidades, com muitos elementos de sua história e por seu planejamento. Havia aprendido a apreciar e respeitar seu charme e sua mente incisiva. Além disso, tinha uma obrigação pessoal com ele e seu irmão, Robert Kennedy, por sua intervenção durante minha prisão de 1960, na Geórgia.

Todavia, senti que o peso da história estava contra um endosso formal. Nenhum presidente, exceto talvez Lincoln, já tinha dado suficientemente esse grau de apoio à nossa luta pela liberdade para justificar nossa confiança. Eu tive que concluir que os fatos então conhecidos

POR QUE NÃO PODEMOS ESPERAR

sobre Kennedy não eram adequados para fazer um julgamento sem ressalvas a seu favor. Hoje, ainda acredito profundamente que o movimento dos direitos civis deve manter sua independência. E, no entanto, se o presidente Kennedy tivesse sobrevivido, eu provavelmente o teria apoiado nas próximas eleições.

Não cheguei a essa conclusão apenas porque aprendi a estabelecer mais confiança no presidente Kennedy. Talvez o mais básico seja o fato de os direitos civis terem atingido uma nova etapa, que exige uma nova política. O que mudou é a nossa força. O aumento do poder no movimento dos direitos civis deu a ele maior poder de manobra e segurança substancial. Agora, é forte o suficiente para formar alianças, se comprometer em troca de garantias e, se os compromissos não forem redimidos, permanece poderoso o suficiente para sair sem ser quebrado ou enfraquecido.

Tradicionalmente, os negros se posicionavam muito longe na arena interna da decisão política. Poucos outros grupos minoritários mantiveram uma indiferença política e uma postura apartidária tão rígida quanto os negros. Após um período de aclimatação, os alemães, irlandeses, italianos e judeus entraram em formações políticas e exerceram influência. Os negros, em parte por escolha, mas substancialmente por exclusão, têm operado fora das estruturas políticas, essencialmente funcionando, em vez disso, como um grupo de pressão com efeito limitado.

Por algum tempo, essa reticência protegeu o negro da corrupção e manipulação de chefes políticos. O líder cínico do distrito controlando seu rebanho ignorante para votar cegamente às suas ordens é um fenômeno relativamente raro na vida dos negros. Os poucos chefes políticos negros não têm seguidores ingênuos. Aqueles que lhes dão apoio o fazem porque estão convencidos de que esses homens são seus únicos representantes francos disponíveis. De um modo geral, os negros permanecem essencialmente céticos, orientados por questões e com mentes independentes. A falta de aprendizado formal não é uma barreira quando se trata de fazer escolhas inteligentes entre as alternativas.

O verdadeiro problema dos negros é que eles raramente têm escolhas adequadas. A vida política, como regra, não atraía os melhores elementos da comunidade negra, e os candidatos brancos que representavam

OS DIAS POR VIR

suas visões eram poucos e apareciam de tempo em tempo. Todavia, ao evitar a armadilha da dominação por líderes indignos, os negros caíram no pântano da inatividade política. Eles evitaram a vitimização por qualquer grupo político, retendo um compromisso significativo com qualquer organização ou indivíduo.

O preço que pagaram refletiu-se na influência escassa que poderiam exercer para um programa positivo. Porém, nos anos mais recentes, como resultado de seus programas de ação direta, sua potencialidade política se manifestou tanto para si mesmos quanto para a liderança política. Em todos os círculos negros está ocorrendo um repensar ativo sobre seu papel na vida política. A conclusão já é certa: é hora de os negros abandonarem a neutralidade política abstrata e se tonarem menos tímidos em relação às alianças de voto. Se mantivermos em mente que aliança não significa confiança, nossa independência permanecerá inviolável. Podemos e devemos apoiar seletivamente candidatos cujo histórico justifique a confiança. Podemos, por causa da nossa força; deveríamos, porque aqueles que trabalham conosco devem sentir que podemos ajudá-los de forma concreta. Por outro lado, aqueles que nos negam seu apoio não deveriam achar que ninguém receberá nossa ajuda, mas devem entender que, quando nos rejeitam, é provável que não apenas perderão, mas que seu oponente vencerá.

O potencial do poder político negro agora é substancial. Os negros estão situados estrategicamente nas grandes cidades, especialmente no Norte, mas também no Sul; e essas cidades, por sua vez, são decisivas nas eleições estaduais. Esses mesmos estados são a chave em uma corrida presidencial e frequentemente determinam a indicação. Esse fator único dá aos negros uma enorme influência no equilíbrio do poder. Os efeitos dessa influência já são evidentes. Na Carolina do Sul, por exemplo, a margem de 10 mil votos que deu a vitória ao presidente Kennedy foi o voto dos negros. Desde então, cerca de meio milhão de novos eleitores negros foram adicionados aos cadernos de registro do Sul. Hoje, uma mudança no voto dos negros pode atrapalhar o resultado de várias disputas estaduais e afetar o resultado de uma eleição presidencial.

Além disso, os elementos subjetivos do poder político — persistência, agressividade e disciplina — também são atributos de um novo movimento. Os líderes políticos são infinitamente respeitosos em relação a qualquer grupo que tenha uma abundância de energia para tocar campainhas, colocar pessoas nas esquinas e acompanhar os eleitores às urnas. Em suas manifestações e campanhas de registro de eleitores, os negros têm adquirido excelente treinamento para essas tarefas. Eles também têm disciplina, talvez mais do que qualquer outro grupo, porque isso se tornou uma condição de sobrevivência. Imagine o poder político que seria gerado se as centenas de milhares de americanos que marcharam em 1963 também colocassem sua energia diretamente no processo eleitoral.

Em algumas cidades e estados do Sul, uma aliança na prática entre negros e eleitores brancos simpatizantes já elegeu um novo tipo de autoridade local — não integracionista, mas também não segregacionista. Enquanto os negros estendem suas campanhas enérgicas de registro e votação, conseguindo a importância do voto em grupo, esses oficiais movem-se do ponto morto e lentamente encontram a coragem de, inequivocamente, defender a integração.

Hoje, no cenário nacional, o Congresso é dominado por reacionários do Sul, cujo controle dos principais comitês lhes permite determinar a legislação. A privação dos direitos do negro e os brancos pobres que não exercem o direito ao voto permitiram que o congressista do Sul conseguisse sua eleição por um pequeno grupo, o qual ele facilmente manipula para devolvê-lo ao cargo repetidamente. Unidos aos reacionários do Norte, esses legisladores não representativos aleijaram o país ao bloquear as ações necessárias com urgência. Somente com o crescimento de um eleitorado esclarecido, brancos e negros unidos, podemos pôr um fim rápido a essa estrangulação centenária de uma minoria nos processos legislativos da nação.

Há quem estremeça com a ideia de um grupo político, particularmente um grupo negro, o qual evoca visões de exclusividade racial. Esta preocupação é, contudo, infundada. O objetivo da votação em grupo não é exclusividade, mas sim, eficácia. Ao formar um bloco, uma minoria faz sua voz ser ouvida. A minoria negra se unirá à ação política pela mesma razão que procurará funcionar em aliança com outros grupos — porque dessa maneira pode obrigar a maioria a ouvir.

OS DIAS POR VIR

É bom lembrar que os blocos não são únicos na vida americana, nem são inerentemente maus. Seus propósitos determinam sua qualidade moral. Nos últimos anos, trabalhadores, agricultores, empresários, veteranos e várias minorias nacionais votaram em grupos em várias questões, e muitas ainda o fazem. Se os objetivos são bons, e cada questão é decidida por seus próprios méritos, um bloco é uma força saudável no cenário político. De fato, os negros já votam espontaneamente como um bloco. Eles votaram predominantemente no presidente Kennedy e, antes disso, no presidente Roosevelt. O desenvolvimento como um grupo consciente daria a eles mais flexibilidade, mais poder de barganha, mais clareza e mais responsabilidade na avaliação de candidatos e programas. Além disso, um envolvimento mais profundo como grupo na vida política lhes trará mais independência. O poder político pode muito bem, se desenvolvido de forma consciente e criativa, ser a nova ferramenta mais eficaz da libertação do negro nos dias que virão.

Porque os negros podem facilmente se tornar uma força compacta, consciente e vigorosa na política, eles podem fazer mais do que alcançar seus próprios objetivos raciais. A política americana não precisa de nada além de uma injeção do idealismo, autossacrifício e senso de serviço público, que são as marcas do nosso movimento. Até agora, comparativamente, poucos líderes negros de talento e caráter incontestáveis se envolveram ativamente na política partidária. Homens como o juiz William Hastie, Ralph Bunche, Benjamin Mays e A. Philip Randolph, para citar apenas alguns, permaneceram distantes do cenário político. No próximo período, eles e muitos outros devem se mover como candidatos para a vida política e impregná-la com humanidade, honestidade e visão.

Apesar de tudo o que o negro demanda de forma justa aos seus concidadãos, não é um esforço para tirar a responsabilidade de si mesmo. Suas tarefas ainda são fundamentais, envolvendo riscos e sacrifícios que já mostrou preparado para fazer. Além disso, ele terá que aprender novas habilidades e deveres e também deverá adotar um novo modo de vida de maneira criativa e construtiva. Pergunte a um detento solto após anos de confinamento na prisão que esforços ele enfrenta ao assumir os privilégios e responsabilidades da liberdade, e a enormidade da tarefa dos negros nos próximos anos se torna clara.

VI

Um aspecto da luta pelos direitos civis que recebe pouca atenção é a contribuição que faz para toda a sociedade. Na conquista dos direitos para si mesmo, o negro produz benefícios substanciais para a nação. Assim como um médico ocasionalmente reabre uma ferida porque uma infecção perigosa paira sob a superfície que está quase curada, a revolução pelos direitos humanos está abrindo áreas não saudáveis na vida americana e permitindo uma nova cura. Eventualmente, o movimento dos direitos civis terá contribuído para a nação infinitamente além da erradicação da injustiça racial. Isso terá ampliado o conceito de fraternidade para uma visão de total inter-relação. Nesse dia, a doutrina do cônego John Donne, "Ninguém é uma ilha", encontrará sua aplicação mais verdadeira nos Estados Unidos.

Ao medir todas as implicações da revolução dos direitos civis, a maior contribuição pode estar na área da paz mundial. O conceito de não violência se espalhou em grande escala nos Estados Unidos, como um instrumento de mudança no campo das relações raciais. Até o momento, apenas poucos praticantes da ação direta não violenta se comprometeram com a sua filosofia. A grande massa a usou pragmaticamente como arma tática, sem estar pronta para vivê-la.

Mais e mais pessoas, no entanto, começaram a conceber essa ética poderosa como um modo de vida necessário em um mundo onde o desenvolvimento acelerado da energia nuclear trouxe armas que podem aniquilar toda a humanidade. Os acordos políticos não são mais seguros o suficiente para salvaguardar a vida contra um perigo de finalidade devastadora. Também deve haver uma filosofia aceitável pelo povo, e mais forte do que a resignação pela morte súbita.

Não é mais apenas o idealista ou os cavaleiros da condenação que procuram alguma força controladora capaz de desafiar os instrumentos da destruição. Muitos estão procurando. Cedo ou tarde, todos os povos do mundo, sem considerar os sistemas políticos sob os quais eles vivem, terão que descobrir uma maneira de viver juntos em paz.

OS DIAS POR VIR

O homem nasceu na barbárie, quando matar seu próximo era uma condição normal da existência. Ele ficou dotado de consciência. E agora chegou ao dia em que a violência contra outro ser humano deve se tornar tão repugnante quanto comer a carne do outro.

A não violência, a resposta para a necessidade dos negros, pode se tornar a resposta para a necessidade mais desesperada de toda a humanidade.

NOTAS EXPLICATIVAS

1. Dorothy F. Cotton foi uma ativista e líder do movimento pelos direitos civis nos Estados Unidos. Fez parte do círculo interno da SCLC e foi o membro feminino de mais alta hierarquia da organização.
2. Trecho da música "Ain't Gonna Let Nobody Turn Me Around", do grupo The Freedom Singers, que quer dizer, em tradução livre: "Nós não deixaremos que nada nos faça voltar atrás".
3. A Conferência da Liderança Cristã do Sul (SCLC, sigla de Southern Christian Leadership Conference) é uma organização não governamental estadunidense focada nas questões que envolvem os direitos civis dos afro-americanos. A SCLC foi fundada em 1957 por Martin Luther King Jr. e teve grande atuação no Movimento dos Direitos Civis durante as décadas de 1950 e 1960.
4. Reverendo Fred Shuttlesworth foi pastor batista e líder do movimento dos direitos civis em Birmingham, no Alabama. Ajudou a fundar a SCLC e iniciou o Movimento de 1963.
5. "We Shall Overcome", em tradução livre: "Nós iremos superar", era uma canção de protesto que se tornou o hino oficial do Movimento dos Direitos Civis nos Estados Unidos.
6. Clarence Benjamin Jones é o antigo advogado, conselheiro e amigo pessoal de Martin Luther King Jr. Ele se uniu ao movimento nos anos 1960, e defendeu King em um julgamento por fraude de impostos, acusação da qual ele foi absolvido.

POR QUE NÃO PODEMOS ESPERAR

7. Harry Belafonte, nome artístico de Harold George Bellanfanti, é um músi-co, cantor, ator, ativista político e pacifista norte-americano de ascendência jamaicana. Foi apelidado de "Rei do Calypso" por popularizar o ritmo cari-benho nos Estados Unidos nos anos 1950. Durante sua carreira tem sido um radical ativista político, envolvido nas lutas pelos direitos civis.

8. "Letter from Birmingham Jail", ou "Carta de uma Prisão em Birmigham", é uma carta aberta escrita em 16 de abril de 1963, defendendo a estratégia de não violência contra o racismo.

9. Comunidade Amada: conceito criado por Martin Luther King, que imaginou uma sociedade baseada na justiça, na igualdade de oportunidades e no amor a todos os seres humanos.

10. Theophilus Eugene Connor, conhecido como Bull Connor, foi um comissá-rio eleito por mais de duas décadas na cidade de Birmingham, no Alabama. Ele se opunha fortemente ao Movimento dos Direitos Civis e aplicou as leis de segregação racial, negando os direitos civis aos cidadãos negros, especial-mente durante a campanha de 1963.

11. Vale Forge, na Pensilvânia, é o local onde ocorreram as batalhas lideradas por George Washington em favor da Independência dos Estados Unidos, nos anos de 1777 e 1778.

12. Viajantes da liberdade (em inglês: "Freedom Riders") foi o título dado aos ativistas pelos direitos civis dos negros nos Estados Unidos que viajavam em ônibus pelas interestaduais em prol do fim da segregação nos ônibus.

13. Em tradução livre: "Passos largos em direção à liberdade".

14. Em inglês: Pupil Assignment Act.

15. Deriva do inglês *token*, que quer dizer "símbolo". Tokenismo é a prática de fazer apenas um esforço superficial ou simbólico para incluir membros de minorias, especialmente recrutando um pequeno número de pessoas de gru-pos sub-representados para dar a aparência de igualdade racial ou sexual dentro de uma força de trabalho.

16. Declaração dos Direitos: são as dez primeiras emendas da Constituição dos Estados Unidos que entraram em vigor no dia 15 de dezembro de 1791, li-mitando os poderes do governo federal para proteger os direitos de todos os cidadãos, residentes e visitantes no território americano.

17. A Décima Terceira Emenda da Constituição dos Estados Unidos (1865) aboliu oficialmente e continua a proibir, em território americano, a escra-vatura e a servidão involuntária — no caso da última, exceto como punição por um crime.

NOTAS EXPLICATIVAS

A Décima Quarta Emenda (1868) afirma que nenhum Estado poderá fazer ou executar leis restringindo os privilégios ou as imunidades dos cidadãos dos Estados Unidos.

A Décima Quinta Emenda (1870) afirma que o direito de voto dos cidadãos dos Estados Unidos não poderá ser negado ou cerceado pelos Estados Unidos, nem por qualquer estado, por motivo de raça, cor ou de estado de servidão prévio.

18. As leis de Jim Crow foram leis locais e estaduais, promulgadas nos estados do Sul dos Estados Unidos, que institucionalizaram a segregação racial, afetando afro-americanos e outros grupos étnicos. Vigoraram entre 1876 e 1965. E eram distintas *dos Black Codes* (1800-1866), que restringiam as liberdades e direitos civis dos afro-americanos. A segregação escolar foi declarada inconstitucional pela Suprema Corte em 1954 no caso *Brown v. Board of Education*. Todas as outras leis de Jim Crow foram revogadas pela Lei dos Direitos Civis de 1964.

19. Ralph Johnson Bunche foi um cientista político estadunidense que recebeu o Prêmio Nobel da Paz em 1950 por sua mediação nas questões entre Israel e Palestina. Ele foi o primeiro afro-americano a receber honra tão elevada.

20. Booker T Washington foi um escritor e educador estadunidense. Pregava uma filosofia de autoajuda, solidariedade racial e acomodação. Instou os negros a aceitarem a discriminação naquele momento enquanto se concentravam em elevar-se através do trabalho duro e da prosperidade material. Elaborou o Compromisso de Atlanta, que afirmava que os negros do Sul trabalhariam e se submeteriam às regras políticas dos brancos enquanto estes garantiriam que os negros receberiam oportunidades educacionais e econômicas básicas.

21. A Reconstrução foi um período da história dos Estados Unidos (1865-1877) marcado pelo retorno gradual dos estados que haviam formado os Estados Confederados e pelo início do processo de integração dos que foram escravizados.

22. William Edward Burghardt, ou W.E.B. Du Bois, foi um sociólogo, historiador, ativista, autor e editor. Suas conquistas e ações são variadas, mas as mais conhecidas são: foi o principal fundador do Movimento Niagara, fundou e presidiu a NAACP (Associação Nacional para o Avanço das Pessoas de Cor). Para ele, o conceito de raça é dinâmico, pois as diferentes raças continuam mudando e se desenvolvendo.

POR QUE NÃO PODEMOS ESPERAR

23. Décimo Talentoso refere-se a uma elite intelectual afro-americana, liderada por Du Bois, que lutava por mais chances na educação e que os negros tivessem os mesmos direitos civis e políticos que os brancos.

24. Marcus Garvey era jamaicano e é considerado um dos maiores ativistas da história do movimento nacionalista negro.

25. A Associação Nacional para o Avanço das Pessoas de Cor (em inglês National Association for the Advancement of Colored People — NAACP) foi fundada em 1909 e é uma das instituições mais influentes na luta pelos direitos civis. Ela age em duas frentes: na educação e em questões judiciais.

26. A Cláusula do Vovô determinava que apenas aqueles que tiveram o avô ou pai como eleitores no dia 1º de janeiro de 1867 poderiam votar.

27. As primárias brancas foram eleições primárias realizadas no Sul dos Estados Unidos, nas quais apenas os eleitores brancos eram autorizados a participar. Era um método usado pelos democratas brancos para privar o voto de outras minorias e para aprovar leis para aumentar o registro de eleitores.

28. Os Muçulmanos Negros faziam parte do grupo político e religioso de cunho fundamentalista chamado Nação do Islã (NOI). Seus objetivos declarados eram o de melhorar as condições social, econômica e espiritual dos afro-americanos em todo o mundo. Os críticos descrevem a organização como sendo supremacista negra, antissemita e homofóbica.

29. Albert George "Al" Hibbler foi um cantor de R&B e pop, cujo maior hit foi "Unchained Melody".

30. "Rip Van Winkle" é um conto sobre um personagem homônimo, escrito por Washington Irving e publicado em 1819, baseado em contos germânicos que conheceu durante um período que passou na Europa.

31. A Metropolitan Opera, popularmente referida como "Met Opera", é uma companhia de ópera baseada em Nova York e foi criada em 28 de abril de 1880.

32. O Movimento Cristão pelos Direitos Humanos do Alabama (ACMHR) era uma organização de direitos civis em Birmingham, Alabama, que coordenava boicotes e patrocinava ações federais destinadas a desmantelar a segregação em Birmingham durante o Movimento dos Direitos Civis. Fred Shuttlesworth, pastor da Igreja Batista Bethel, serviu como presidente do grupo desde a sua fundação em 1956 até 1969.

33. Wyatt Tee Walker foi um pastor afro-americano, líder nacional de direitos civis, teólogo e historiador cultural. Foi chefe da equipe de Martin Luther King Jr. e, em 1958, tornou-se membro do conselho da SCLC.

NOTAS EXPLICATIVAS

34. Ralph David Abernathy foi um ativista americano dos direitos civis e ministro batista. Como líder do Movimento dos Direitos Civis, ele era um amigo íntimo e mentor de Martin Luther King Jr. Ele colaborou com King para criar a Associação de Aperfeiçoamento de Montgomery, que levou ao boicote dos ônibus de Montgomery. Ele também foi cofundador e membro do conselho executivo da SCLC.

35. O Congresso de Igualdade Racial (CORE) é uma organização afro-americana de direitos civis nos Estados Unidos que desempenhou um papel fundamental no Movimento dos Direitos Civis. Fundada em 1942, sua missão declarada é "promover a igualdade para todas as pessoas, independentemente de raça, credo, sexo, idade, deficiência, orientação sexual, religião ou origem étnica".

36. O Comitê de Coordenação de Não Violência Estudantil (SNCC) foi uma das principais organizações do Movimento Americano de Direitos Civis da década de 1960. Surgiu da primeira onda de protestos estudantis e se formou em uma reunião de maio de 1960 organizada por Ella Baker na Shaw University.

37. O Conselho Regional do Sul (SRC) é uma organização orientada para a reforma criada em 1944 para evitar a violência racial e promover a igualdade racial no Sul dos Estados Unidos . Campanhas de registro de eleitores e conscientização política são usadas para esse fim.

38. "Acordei esta manhã com minha mente focada na liberdade", em tradução literal, é uma canção de liberdade feita como uma reformulação da velha canção gospel "Acordei esta manhã com minha mente em Jesus" na década de 1960. É uma das muitas canções do Movimento dos Direitos Civis. A música foi criada pelo reverendo Robert Wesby, de Aurora, Illinois, na prisão de Hinds County durante os passeios pela liberdade.

39. Reverendo James Morris Lawson Jr. é um ativista americano e professor universitário. Ele foi um importante teórico e estrategista da não violência dentro do Movimento dos Direitos Civis.

40. James Luther Bevel foi ministro e líder do Movimento dos Direitos Civis nos Estados Unidos. Como Diretor de Ação Direta e Educação Não Violenta da Conferência de Liderança Cristã do Sul (SCLC), ele iniciou e formou estratégias, dirigiu e desenvolveu os principais sucessos da SCLC da época, como o Movimento de direitos de voto Selma de 1965.

41. Diane Judith Nash é uma ativista americana dos direitos civis e líder estrategista da ala estudantil do Movimento dos Direitos Civis. Seus esforços incluíram a primeira campanha bem-sucedida de direitos civis para integrar os

balcões de almoço aos Viajantes da Liberdade, que dessegregaram as viagens interestaduais, entre outros.

42. Bernard Lee foi ativista e membro da Conferência de Liderança Cristã do Sul durante o Movimento dos Direitos Civis. Lee iniciou sua carreira em direitos civis como estudante na Alabama State College, da qual foi expulso depois de liderar mais da metade do corpo discente em uma marcha na capital do Alabama. Durante as manifestações pelo acesso igual à biblioteca em 1960, ele disse: "Meu avô teve apenas uma oração para ajudá-lo. Eu tenho uma oração e uma educação".

43. Reverendo Andrew Jackson Young Jr. é um político, diplomata e ativista americano. Começando sua carreira como pastor, Young foi um dos primeiros líderes no movimento de direitos civis. Mais tarde se tornou ativo na política, servindo como primeiro congressista negro dos EUA, da Geórgia, depois como embaixador dos Estados Unidos nas Nações Unidas e, por fim, como prefeito de Atlanta.

44. Jack Roosevelt "Jackie" Robinson foi um jogador de beisebol norte-americano. Foi o primeiro jogador afro-americano da Major League Baseball (MLB) na era moderna.

45. Marian Anderson foi uma contralto estadunidense que se tornou a primeira estrela de ópera americana e se firmou como uma das maiores intérpretes de concerto do século XX.

46. Nota do autor: esta é a resposta a uma declaração publicada por oito colegas clérigos do Alabama (bispo C. C. J. Carpenter, bispo Joseph A. Durick, rabino Hilton L. Grafman, bispo Paul Hardin, bispo Hola B. Harmon, reverendo George M. Murray, reverendo Edward V. Ramage e o reverendo Earl Stallings) e foi feita sob circunstâncias um tanto restritivas. Ela foi iniciada nas margens do jornal em que a declaração apareceu enquanto eu estava na prisão, continuou em pedaços de papel de carta fornecidos por um negro amigável e confiável e foi concluída em um bloco que meus advogados tiveram permissão para deixar comigo. Embora o texto permaneça substancialmente inalterado, aceitei a prerrogativa do autor de aperfeiçoá-lo para a publicação.

47. Reinhold Niebuhr: teólogo criador da "Oração da Serenidade", utilizada até hoje nas reuniões dos Alcoólicos Anônimos (AA).

48. Personagens bíblicos que se recusaram a se curvar à estátua do rei Nabucodonosor e que, por isso, foram jogados na fornalha. Foram salvos por Deus e mudaram a lei da nação.

NOTAS EXPLICATIVAS

49. Revolução Húngara de 1956 foi uma revolta popular espontânea contra as políticas impostas pelo governo da República Popular da Hungria e pela União Soviética. O movimento durou de 23 de outubro até 10 de novembro de 1956.

50. Os Conselhos dos Cidadãos Brancos formavam uma rede associada de supremacia branca de organizações de extrema-direita nos Estados Unidos, concentrada no Sul, e se opunham à integração racial e ao voto do negro.

51. O reverendo Martin Luther King (pai) foi pastor batista, líder pioneiro na defesa dos direitos civis e defensor da justiça social. Conhecido como King Sênior ou King Pai.

52. John Bunyan foi um escritor e pregador cristão britânico, autor de *O Peregrino*.

53. Etimologicamente, a palavra grega *ekklesia* é composta de dois radicais gregos: *ek*, que significa para fora, e *klesia*, que significa chamados. De maneira geral, é traduzida como Igreja.

54. James Meredith alistou-se na Força Aérea dos EUA e se inscreveu para estudar na Universidade do Mississípi, mas teve o pedido negado devido à política racial. Em 1962, foi o primeiro estudante negro da Universidade do Mississípi. Teve que ser acompanhado por agentes federais, mas houve uma batalha no campo que deixou um saldo de dois mortos e dezenas de feridos.

55. Reverendo Charles Billups foi um pastor batista e um dos fundadores da ACHR.

    Era amigo do reverendo Fred Shuttlesworth e foi o primeiro a chegar à casa do amigo quando ela foi bombardeada. Fred também ajudou Billups quando este foi espancado por membros da Ku Klux Klan (KKK).

56. Charles "Chuck" Morgan Jr. foi um advogado americano de direitos civis do Alabama que desempenhou um papel fundamental no estabelecimento do princípio de "um homem, um voto" na Suprema Corte dos Estados Unidos. No dia seguinte ao atentado na Igreja Batista que matou quatro meninas negras em Birmingham em setembro de 1963, Morgan falou publicamente culpando os líderes comunitários por seu papel em não resistir ao clima de ódio racial, afirmando que "toda pessoa nesta comunidade que de alguma forma contribuiu nos últimos anos para a popularidade do ódio é pelo menos tão culpado, ou mais, do que o tolo demente que jogou a bomba". Até este momento, sua carreira na advocacia estava indo bem, mas esse discurso mudou isso para ele. Suas declarações prejudicaram sua prática legal e levaram a ameaças de morte contra ele e sua família. Essas ameaças levaram Morgan a encerrar a carreira e a mudar sua família de Birmingham.

57. A Federação Americana do Trabalho e Congresso de Organizações Industriais, conhecida pela sigla AFL-CIO, é a maior central operária dos Estados Unidos e Canadá. Formada em 1955 pela fusão da AFL (1886) com a CIO (1935). É composta por 54 federações nacionais e internacionais de sindicatos dos Estados Unidos e do Canadá que juntos representam mais de dez milhões de trabalhadores.
58. James Russell Lowell foi um poeta romântico, crítico, satírico, escritor, diplomata e abolicionista dos Estados Unidos da América. Foi o primeiro editor da revista literária *The Atlantic Monthly*.
59. Lawrence Dunbar Reddick foi um historiador e professor afro-americano que escreveu a primeira biografia de Martin Luther King Jr.
60. A Liga Urbana Nacional, anteriormente conhecida como Liga Nacional sobre Condições Urbanas Entre os Negros, é uma organização de direitos civis apartidária sediada na cidade de Nova York, que defende os afro-americanos e é contra a discriminação racial nos Estados Unidos.

ASSINE NOSSA NEWSLETTER E RECEBA INFORMAÇÕES DE TODOS OS LANÇAMENTOS

www.faroeditorial.com.br

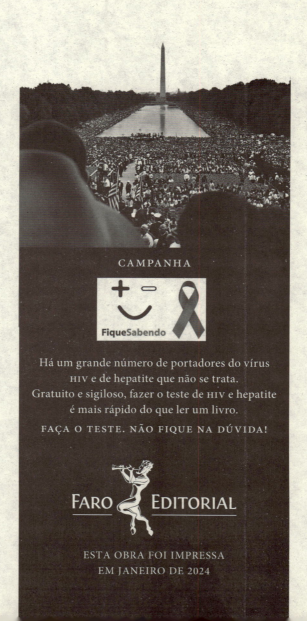